信·谊

从百年品牌发展历程看西药的中国式成长

柏年 / 著

| 1916－2016 |

C E N T U R Y B R A N D

世纪出版集团 上海人民出版社

100th
上藥信誼
1916-2016

◎ 西湖饭店良药商标

序1

信与谊

信任、信用、信心、信物、信念、信仰……

有史以来，为了这一个“信”字，人类前赴后继地不知道付出了多少的光阴和代价。

现代社会中的一切个人、国家、党派、宗教……一切制度的确立、法律的制订、贸易的往来，甚至选择战争还是和平，必然都和“信”字密切相关。

一百年前的俄籍德人马克思·霞飞博士（Max. A. Joffe）当然做梦也不会想到，他当年在上海霞飞路（今淮海中路）443号，为糊口而开设的“信谊药房”经由何子康、鲍国昌、陈铭珊等为代表的一代代的中国药界精英，在历尽艰辛、前赴后继的苦心经营打拼之后，今日已成为中国药业翘楚，而今又注入更加强劲的活力回归国资，开始迈向新的百年。

人无“信”不立，上世纪二三十年代把拉丁字母“SINE”翻译成中文“信谊”，究竟是谁的杰作已无法查考，作者和我们也尝试着查阅了很多民国时期的杂志、报刊，但看到的几乎全是已经应用执行得很规范的“信谊”商标和视觉一体化的广告，其主力产品：消治龙、维他赐保命、维他新、维他多劲等，不仅投入的广告力度大，信息集中，而且品牌关联度高，互相依存，足见经营者的品牌意识十分鲜明强烈。

信谊老员工都知道：“除了好药，还有信誉和友谊。”企业文化的核心价值跃然纸上、融入心间、说在话中，综观左右前后，在企业传播系统中运用抽象的文字、语言、图形，这三者如此契合统一，又与经营的主业、核心价值观混然一体的商标、品牌至今看来还实在是凤毛麟角，究竟是老天的眷顾垂爱，抑或是经营者的内心直白，“信谊”两字确实是无价的无形资产，但是，一旦承诺，就要不惜代价、持之以恒践行这种承诺，让消费者时时刻刻能感受到企业为履行承诺所付出的真诚努力，并能从内心深深认同。例如经营者所支付的巨大的质量保证体系代价就是一种成本维度的体现，这种消费者看不到的东西切切实实体现在他们手中的产品质量上，这在维护品牌高度上其实功不可没，这种远见的实现全凭上下齐心“为民族医药、百姓健康谋求福利”的信念。

文化是物质和精神之总和，包含有器具物品、组织、价值观这三个方面，核心是价值观。

文化，文而化之，化而开之，开而通之，通而达之，达而到之，始而传盛！“信谊”的价值观简单而直白，就像奥运女排冠军一样，因为人心所向，所以期望更高、难度更大，在新的百年，信谊迈开大步初始，我们衷心期盼着一个全新的、年轻心态的新“信谊”擎旗领跑，走在前列！

回溯往昔，谁会想到一个俄籍德人、药学博士，携着病弱的妻子在淮海路开设的一家用来糊口的药房，日后竟发展成被誉为“远东第一大药厂”的信谊化学制药厂。之后近百年，信谊从外商独资到纯粹的民族资本，从弄堂小厂到药业翘楚，甬商鲍国昌为信谊奠定了非凡的物质和精神基础，把信谊带上了时代辉煌的顶峰。其间，虽经历岁月洗礼，但始终屹立不倒。而今，我们看到那么多曾经久负盛名的百年老店逐渐销声匿迹，而信谊几经变革依然活力十足，仍然得以谋划更远大的发展和未来，那么，究竟是什么样的文化基因被传承下来持续发挥着作用，是什么样的精神力量能够穿越时空历久弥新？这些问题吸引着我去探寻这个企业曾经走过的路。

邵隆图
上海九木传盛广告有限公司 创始人
上海市品牌建设工作联席会议专家委员会 委员
上海创意设计中心 首席策划大师
上海创意产业中心专家委员会 副主任
中国2010年上海世博会 吉祥物“海宝”领衔设计师
隆图·佐良大师工作室 大师
上海公共关系协会 特邀理事
上海交通大学、复旦大学、德国汉堡品牌学院、
上海师范大学人文学院、上海大学等21所高校的客座教授

序2

中国民族品牌标本级的个案

当上药信谊顾浩亮先生邀请我为《信·谊》一书作序的时候，我欣然答应了，因为信谊的发展历程对于中国的民族工业和民族品牌来说绝对称得上是一个标本级的个案，换而言之，通过百年信谊的研究可以折射出中国民族工业和民族品牌发展的风风雨雨，是整个百年中国社会发展的一个缩影，因此，本书的价值远远超越了一部企业史的范畴。

从1916年俄籍德人在上海创办信谊药店开始，企业经历了中外文化融合，由商业向全产业链的延伸，也经历了政治风云的洗礼。今天的信谊依然走在中国医药行业和制造业的前列，这绝对是个奇迹，其强盛的生命力和优秀的DNA非常值得所有的企业研究和关注。

信谊起步于上海开埠以后的第73年，当时正是上海逐步成为国际品牌和国际先进经营理念进入中国桥头堡的黄金时期。厚重的国门被徐徐打开，欧美发达国家的企业和品牌选择了具有得天独厚港口优势的上海，选择了充满文化包容性的“东方冒险家的乐园”，作为进入中国庞大市场的第一站，于是便催生了一大批带着浓厚的西洋印记的企业和品牌进入上海，试水庞大又陌生的中国市场，信谊正是这些品牌企业中的重要代表。但诸多的洋品牌因为水土不服，难以与中国市场和消费者对接，大多很快夭折了。信谊有幸得到了几位有远见、有魄力、有经营能力、又很接地气的本土企业家的介入，完成了中西合璧、水乳交融的蜕变过程，在中国这一块丰厚又古老的土地上深深地扎下了根。

经过多年的战火纷飞、腥风血雨，信谊迎来了新中国的诞生，在此后的几十年中，信谊一直坚持自己的经营理念和服务方式，在风云变幻的社会变革中展示出自己强盛的生命力。建国之初的中国千疮百孔、百废待兴，作为工商业大都市的上海，义不容辞地扮演起了共和国长子的角色，上海制造成为优质、诚信、科技、可靠的代名词。在这一发展历程中，信谊始终坚持着自己的理念和轨迹，赢得了广泛的赞誉和认同。

党的十一届三中全会以后，中国将工作重心全面转移到经济建设当中，信谊也进入了发展的快车道，立足于上海国际大都市的独特优势，依仗着人才、信息、资金、理念等一系列的优势，公司屡上台阶，成为改革开放的弄潮儿。

当今新的经济背景也对信谊的未来发展提出了全面的挑战。可贵的是信谊的决策者和各上级主管部门审时度势，不断进行战略和赢利模式的创新，使百年企业和百年品牌始终保持着强盛的生命力，始终处于行业的领先地位。

企业的发展是一个漫长的过程，是一个持续创新和自我变革的过程，我们崇尚百强企业，我们更敬重百年企业，唯有持续创新的生命力才能在风云多变的市场中立于不败之地。今天的中国企业同样在面临这样的挑战，同样拷问着企业经营者的价值观与理念，尤其在浮躁的今天，我们更应该不忘初心，通过为社会提供价值来显示和证明自身生存和发展的价值。正是从这个意义上讲，我把百年信谊的个案提到了中国民族品牌标本级个案的高度，以此希望广大的读者能站在这样的高度来阅读这本难能可贵的书籍，从中找到启示和养分。除了观点鲜明、史料详实以外，同样让我欣喜的是本书的作者文笔流畅、语言生动、可读性极强，我作过许多的序，但有如此文采的书籍非常难能可贵。

为此，我很高兴向广大的读者朋友来推荐这本书，相信大家读完以后，一定会跟我一样受到启发，得到效益。

是为序。

余明阳

上海交通大学安泰经济与管理学院党委书记
中国企业发展研究院院长
中国公共关系协会常务副会长兼学术委员会主任
上海市行为科学学会会长
教授、博士、博士生导师

CONTENTS 目录

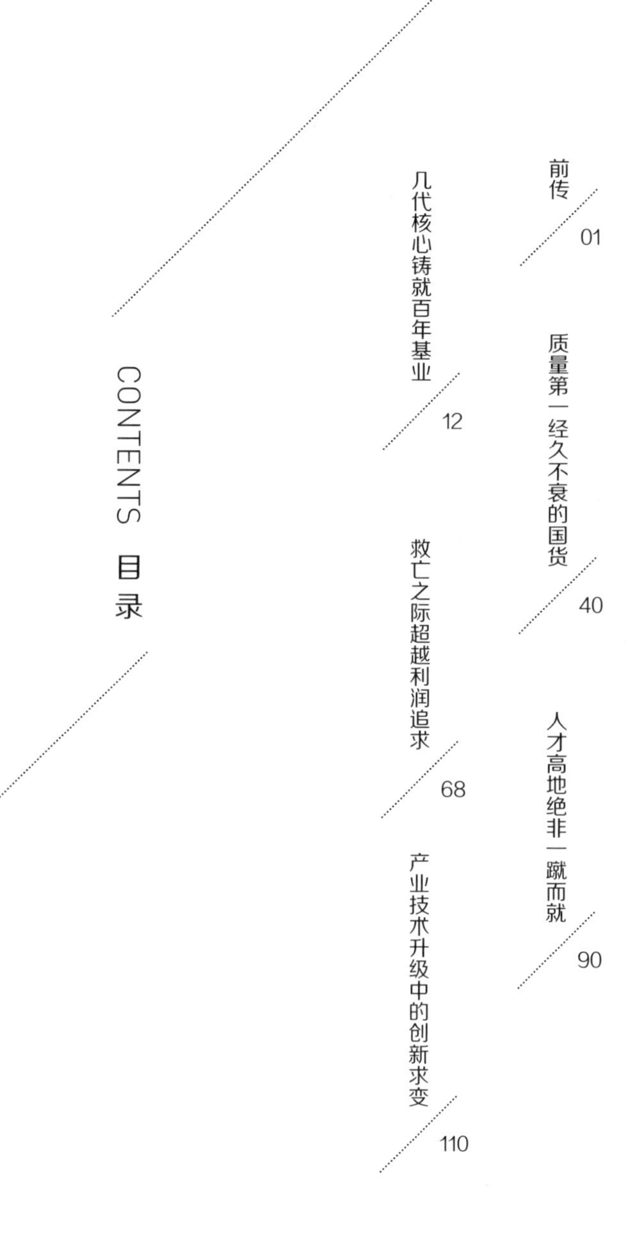

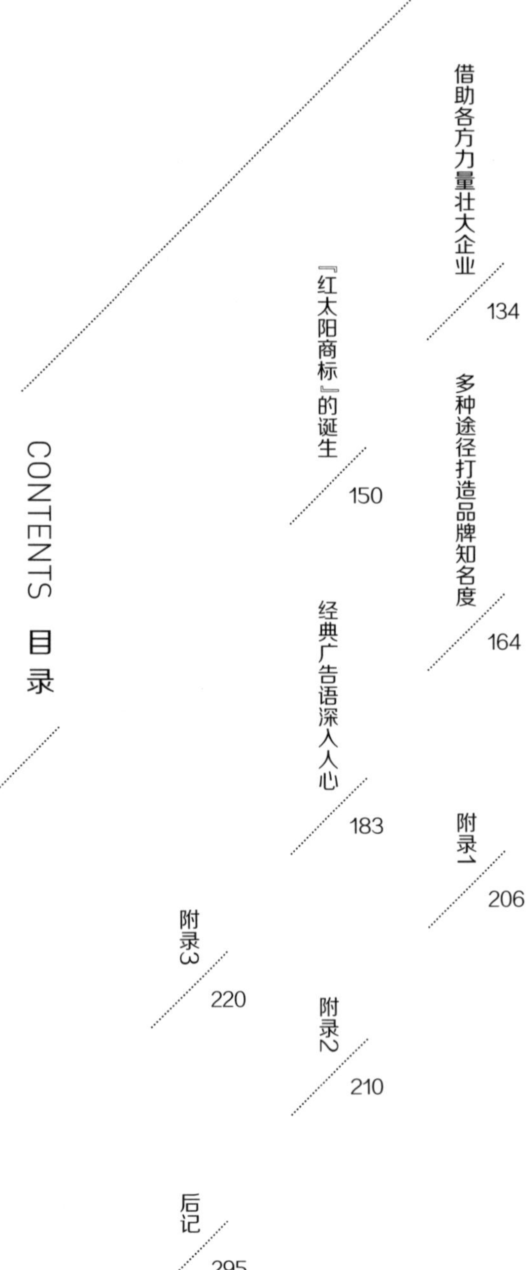

CONTENTS 目录

01

前传

当俄籍德人马克思·霞飞博士(Max.A.Joffe)站在上海的霞飞路上，看到的是正西风东渐的中国。初秋的上海，在这条悬铃木册立，以与他同姓的法国将军霞飞命名的马路上，443号，马克思·霞飞开出了一家小小的西药房——信谊药房。

这是1916年的往事，是距今整整一百年前的往事。

从1916年开设信谊药房，到1924年中国人何子康加盟，再到1930年信谊扩充招股，迎来了在怡和洋行地产部供职的鲍国昌。此人精通英、法文，在学生时代就有志于

◎ 霞飞路443号——信谊药房

◎ 信谊药房内景。药房经营范围除了药品，还有医疗器械、化妆品、卫生用品、生活用品等。

医药事业，并立志要改变上海西药市场洋人一统天下的局面。1937年抗战爆发，马克思·霞飞回国。在他退出之际，战争的阴云已经密布在上海滩的上空。

时间最终证明了，这场危局事实上成为了一次契机。抓住机遇的信谊，在战争到来的时候，研发新药，供应战场，进一步发展……

离开时的马克思·霞飞没有想到信谊会有百年的辉煌，而他这个俄籍德人所创办的一所西药房，会成为中国民族医药品牌的骄傲。在信谊这一知名药企百年生辰之际，在国际大都市上海，市民中可以说有九成九以上用过信谊的药品。这一品牌让千家万户与健康相连，如今正向着她的第二个一百年出发了……

在此之际，我们不妨回头看看信谊药房草创时的中国，那个西药刚刚在中国萌芽的年代。

1916年，距离上海开埠的1843年，已经整整过去了73年。中国也已经历了晚清种种变局——第二次鸦片战争、太平天国运动、洋务运动、庚子之变，乃至清廷倒台、民国建立。

在晚清的变局中，上海又是个非常独特的存在。因为有租界，上海滩的租界内成了清廷管不到的所在。又因为开埠后西风东渐、华洋杂处，西医西药渐渐被国人认识起来。

1869年在上海创办的《教会新报》，将当时国人对于西医西药的纠结，记录了一番。比如对于广州、上海、福州等地的西医院，大多数的患者仍旧不敢在此就医。同时期，上海的仁济医院、格致书院很难找到合适的中国人学西医，《格致汇编》答复杭州读者说：华人开设公病院还太早，因为中国人不明医理，西医的治疗方法也无法得到人们的信服。因此，即使是通商口岸也只是在一定程度上接受了西医，而通商口岸的附近地区对西医的认识和接受还处在起步阶段。到19世纪八九十年代，随着西医事业的发展、中国社会的开放，华人对西医的认识在实用和学理上均有很大的进步，进入20世纪，西医逐渐为内地一些主要城市接受。

尽管国人的接受程度有个过程，但在上海开埠以后，随着传教士不断地设立医院、诊所，开办医学教育，西医人数日益增多，市场确实在扩大。随着西药的需求量之增加，西药的进口数量逐年上升，于是在国内便形成了西药市场和西药行业，西药房应运而生，西药商业当时全部为外商所垄断，许多外国商行在我国各大商埠开设的洋行兼

總公司：上海崇明路八十二號
鳥瞰縮影
信誼廠房
分廠：中正中路三九七號
分廠：江西北路天潼路口
分廠：北京西路九四一號
總廠：思南路二〇號
研究所：楊樹浦滙南路
其他分廠：林森中路六七〇號　林森西路一二〇號
普陀路二一一號　鉅鹿路南成都路口
魏德邁路

营进口西药业务。如德商孔士、英商怡和、瑞商天福、法商立兴、美商慎昌和礼来洋行、日商丸三和若林等。这些洋行既供应西药现货，又承应订货业务，成为各大药房的货源单位。

除了外商开设的洋行兼营西药外，占领当时西药市场的主要是外国商人或传教士医生、药师等设立的西药房。最早者为1841年英商屈臣氏在香港开设的屈臣氏药房。外商开设西药房最集中的城市是上海，从1850年到1887年，外商在上海开设的药房共有12家，至1913年增长至29家。

而马克思·霞飞开设信谊药房时，又恰逢当时代表中国的北洋政府于1915年正式承认西医，于是西医得以在中国合法立足。

从历史照片和资料上看到，信谊药房诞生之初，除经营西药外，还兼营化妆品、医疗器械、照像器材、卫生用品，甚至糖果饮料、罐头食品等。从数据上看，药房的竞

◎ 左图：信谊厂房鸟瞰缩影

長
命
長命
維他賜保命

争非常激烈，为了获取利润，积累扩大资本，药房往往采取制售“本牌成药”的办法，所谓“本牌成药”或称“本牌产品”，即各药房以各自药房的名义生产的零售包装的药品。各药房制造的本牌成药，其处方大多系根据《英国药典》或《万国药方》，品种与外国药厂制造的相似，原料全部为进口，但由于是自制，所以成本低、利润高。

单以药房论，至1936年上海的药房已达97家，至1945年底达266家，至1949年达到305家。

而信谊不仅仅是药房，从小小的药房开始，信谊成长为药企，再到民族药企，直到新中国成立后继续发展壮大，在改革开放时再次与外商合资成为改革开放的弄潮儿。如今的百年信谊，则回归到国资旗下，作为有着百年基业的老厂，信谊有底气说——向着第二个一百年出发了。

◎ 左图：“本牌成药”维他赐保命，信谊起家产品，以“长命牌”与公众见面。是它带领信谊产业化起航。之后，因其疗效显著，而远销海外。

SINE LABORA
DIRECTOR C.F. SHOW
GENERAL MANAGER T.K.HO
Dr. T.C.CHU
1934
Vecosin
PHILACOSIN
SINE LABORATORY C.
BISMOSAL
CABROGIN
CHROMERSAL

TORY Co LTD.
T.L. WANG
ZEE
CHEN
VITA-SPERMIN
GLUCOCAL
CALCIUM GLUCONATE
SINE LABORATORY CO. LTD.
CAMPHOR WATER SOLUTION
LUNGCHOLIN
Vecosin
SHANGHAI
Livex
VITAMIN-B
VITA-SPERMIN
OVARIN
BAGSAL

02

几代核心铸就百年基业

关于信谊药厂，现在有两句广为人知的话。第一句话：除了好药，还有信誉和友谊。第二句话：为民族医药、百姓健康谋求福利。

别看是短短的两句话，其承载的恰恰是信谊的企业文化。文化靠人去传承，领袖在企业文化创新和传承中所处的重要位置和作用毋庸置疑。原本很有希望能够长寿常胜的企业因为没有选择好的接班人而消亡或者衰落的例子不少。选择了能体现企业一贯价值观和精神的领导者，能够使这种价值观和精神带领企业走得更远更好，反过来讲，在强文化的企业中，也只有被企业独特文化吸引，并深深认同这种价值观的人才有可能被选为接班人，这是相辅相成的。企业的用人标准和培养目标非常能够体现一个企业的文化所在，如果违背了企业最核心最基本的价值观，那么一定是企业向百年老店发展的阻力之一。信谊企业的核心价值观之所以能得到薪火相传，是因为它的每一任接班人，他的精神和企业的精神高度融为一体，使企业精神实现了人格化。

这两句话，可以说是对百年信谊的总结，也可以说是对当下信谊的写照，更可以说是给未来信谊的圭臬。

信谊人相信，一代代掌门人秉持着这两句话，开拓创新的信谊，一定会谋得更多更大的发展。

让我们将目光回溯既往，会发现实现这两句话的，恰恰是由信谊历代领导核心带领下的信谊人。即便开创信谊品牌的是一位俄籍德人马克思·霞飞，甚至他当年很少意识到中国的民族医药、民族西药为何物，但在这看似悖论的背后，却体现出了信谊始终坚持选择体现企业一贯价值观和精神的领导者。

信谊之所以是信谊，之所以品牌百年长青，一定要从马克思·霞飞这一企业主要创始人来说起。

品牌创始人：马克思·霞飞

(信谊任职时间：1916年—1937年)

对于品牌创始人马克思·霞飞博士的个人情况，史料留存甚少，从他在品牌创立至退股回国这短短20年的时光来看，信谊从无到有，从小药房到具备产业化基础的现代药厂雏形，霞飞功不可没。作为一个俄籍德人，药学博士，他在那个年代具备天然的西方优势和专业的药学知识是毋庸置疑的。

从历史事实的角度看，马克思·霞飞带来中国的维他赐保命药方，是信谊成立最初的唯一产品，也是发家产品。拿现在的话说，信谊靠这首款“本牌成药”——维他赐保命药方，掘得了第一桶金。1918年，霞飞从动物脏器

马克思·霞飞

生卒不详，俄籍德人，药学博士。创建信谊药房；研发制成维他赐保命，与何子康共同创建信谊化学制药厂，为信谊未来的发展提供了物质基础。

和婴儿胎盘中成功提炼出荷尔蒙晶体，定名为维他赐保命，1922年试制成功。回看这一产品的研发史，就是一段百年前的科技创新之路——由霞飞在美国的学业导师保罗指导，经过美国大学的临床实验，产品本身的质量和疗效得到印证。从这段研发史中可以看出霞飞的学术背景，一开始就赋予了这一产品天然的市场竞争优势，及进入市场后的成效，而这也为信谊后续的产品研发和制造种下了“质量为上、疗效显著”的“好药”基因。

在那个风起潮涌的时代，上海滩诞生过的药店林林总总，潮起潮落，许多都只是昙花一现。作为药店、药企来说，其核心价值在于拥有自主知识产权的好药，在霞飞的带领下，信谊做到了这一点，也由此，奠定了品牌之基。

随后，霞飞选择与中国药剂师何子康合作开办信谊化学制药厂，从何子康的专业背景可以看出，霞飞选择合伙人的前提是必须拥有专业的学术造诣。在成为合伙人之前，霞飞曾聘请何子康担任他的职业经理人。

何子康毕业于湖南湘雅医学院。该校是中南大学湘雅

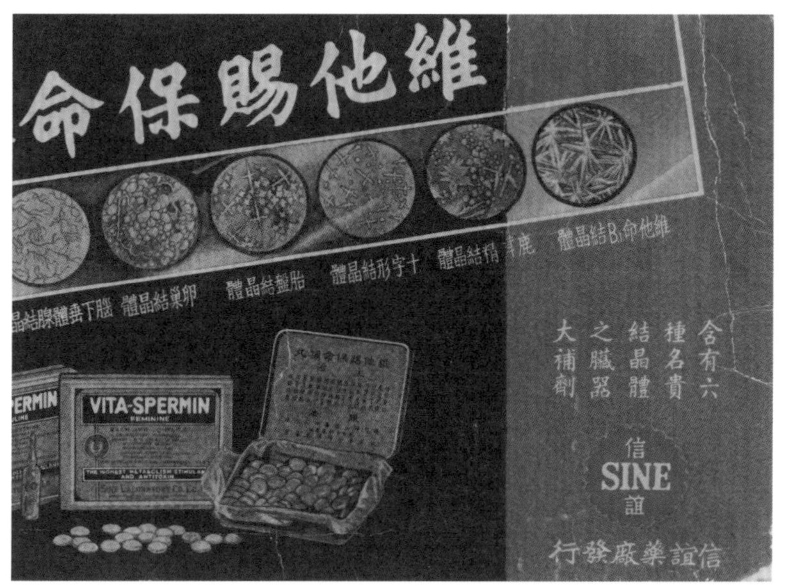

◎ 维他赐保命，信谊起家的本牌成药，是生物化学复合药物，以动物脏器和婴儿胎盘中提炼的十字形内分泌素等六种结晶体为主要原料。它的质量上乘和效应显著，有针剂、丸剂、男用、女用之分，原料精良，名声大振，也使信谊在起步中获得良好声誉。

医学院前身，1914年由湖南育群学会与美国耶鲁大学雅礼协会联合创建，是我国创办较早的一所西医高等学校。换言之，在信谊最初创始阶段，霞飞和何子康这两位具有较高水准医药学背景的人物合作起来，在产品质量和疗效上高度一致，共同追求精益求精。而后来执掌信谊，创造持久辉煌的鲍国昌亦系肄业于震旦大学医科，也属于医药学背景的专业人士。

可见，作为品牌创始人，马克思·霞飞为信谊奠定下了深厚的科技保障基础，也在遴选未来合作者上，为信谊奠定了基调。

首位中方合伙人：何子康

（信谊任职时间：1924年—1938年）

何子康1894年出生于湖南浏阳的医药世家，从史料和口述采访中，我们了解到何子康的特点主要有两方面，一方面是做人，一方面是做事。

做人方面。何子康是虔诚的基督教徒，信仰笃定。作为医者，他有博爱情怀，治病救人；作为企业家，他乐善好施，为人称道。

2012年，我们采访时年90岁的教友陈秀华老人。陈

何子康（1894—1971）

湖南浏阳人，科研型企业家，虔诚的基督教徒。出身医药世家，是湘雅医学院第一届药科毕业生，卫生署领证药师。与霞飞共同创建信谊化学制药厂，担任信谊总经理，为信谊坚持制造好药种下优良基因。热心公益事业，乐善好施，首创“一日捐”活动。

秀华当年经何子康的介绍而找到工作。老人回忆起何子康时，不禁连连夸赞："我没有见过比何长老更好的人了！他经常做善事，帮助有需要的人。"

2011年6月，何子康的侄女婿仇明祺则告诉我们，何子康在西渡自己出钱建了两百多平米的房子，外面有一个很大的花园，但他自己却不住，一是用来给基督教做礼拜用，二是收容穷苦落难的人。

西渡位于上海市奉贤区的北部南横泾入黄浦江处，是奉贤的北大门，和老闵行隔江相望。西渡社区，现在属于南桥镇。当西渡的房子逢临动迁时，是仇明祺去处理相关事宜的。仇明祺透露，到了动迁的当口，西渡周围的人都在讲何子康是一个大善人。

当时信谊药厂的职工每周有一天放假做礼拜，同事们往往以兄弟姐妹相称，企业内部的仁爱和友谊氛围浓厚。这初步体现了企业在慈善和社会责任上的意识。当时何子康提出的"一日捐"活动——所有员工捐出自己一天的薪水用于救助前方战士和贫弱大众，得到了全厂最大程度的

信誼化學製藥廠股份有限公司用箋

字第 號第 頁

通告 陸字第一號

本公司職工人員等去歲所捐一日薪資寄與綏遠前方將士慰勞之款業交上海市新藥業同業公會彙轉並將該會收據附後俾便週覽此佈

中華民國廿六年一月十一日

總經理何子康

電報掛號 有線 無線 七五六九號

總發行所上海馬斯南路十八至二十號

中華民國 年 月 日

◎ 一日捐公告。1937年1月11日，何子康贴出公告，全厂开展“一日捐”活动，捐出每人一天薪水，支助前方战士和援助贫弱大众，此活动延续至今。

响应，这一活动延续至今。

1936年的某期《药友》杂志上刊登的《何子康传》，是这样介绍他的：“何子康，原名立郊，年四十二岁，湖南浏阳人，湖南湘雅医学院药科毕业，卫生署领证药师，曾充湖南湘雅医院及九江牯岭医院药师，后至上海，经营药业，深感制药事业关系重要，在申集资创设信谊化学制药厂，专制各种注射剂及药典制剂，数年以来，惨淡经营，成绩甚著，现担任该厂总经理兼药师，对于厂务之发展，规划进行，依然不遗余力，而在社会方面，热心公益事业，尤为同人称道，前年中华药学会改选，以氏赞助会务，贤劳备至，公推担任监事云。”短短200字的小传，让何子康药师之形象，跃然纸上。

而在做事方面。何子康对信谊的生产工艺和质量标准的制定做出了重大的贡献，尤其是在针剂的工艺改良方面，使信谊针剂的质量和疗效得到了保证，获得了业界内和患者的交口称赞。一时间，信谊针剂成为了国产翘楚。

藥友三百人傳

（十三）何子康

何子康，原名立郊，年四十二歲，湖南瀏陽人，湖南湘雅醫學校藥科畢業，衞生署領證藥師，曾充湖南湘雅醫院及九江牯嶺醫院藥師，後至上海，經營藥業，深感製藥事業關係重要，在中集資創設信誼化學製藥廠，專製各種注射劑及藥典製劑，數年以來，慘淡經營，成績甚著，現担任該廠總經理兼藥師，對於廠務之發展，規劃進行，依然不遺餘力，而在社會方面，熱心公益事業，尤爲同人稱道，前年中華藥學會改選，以氏贊助會務，賢勞備至，公推担任監事云。

◎ 1936年的《药友》杂志上刊登的《何子康传》，短短200字的小传，让何子康药师之形象，跃然纸上。

信谊最主要的创业者：鲍国昌

（信谊任职时间：1930年—1952年）

如果说对信谊影响最深远的领导者，无疑就是这位鲍先生了。

鲍国昌，1901年生，浙江鄞县人，幼年丧父。鲍国昌少年时和哥哥鲍国樑随母亲移居上海。鲍国昌的母亲笃信基督教，鲍国昌也是基督教徒。年少时，鲍国昌入法国天主教会在沪创设的圣芳济学堂（中学学制，今时代中学）求学；1921年毕业后升入同样是教会学校的震旦大学医科。1925年，大学三年级的鲍国昌因要顶替哥哥鲍国樑在洋行的职务，弃学就商，进入了英商怡和洋行地产部当买办。在这段任职期间，鲍国昌的收入不菲，几年下来，也有了一些积累。但由于早年即有志于兴办实业，因此在1930年，信谊化学制药厂因业务扩展，再次招募股本时，鲍国昌应招入股，开始了参与经营信谊药厂的经历。

鲍国昌（1901—2002）

浙江鄞县人，宁波商人，民族实业家。震旦医科大学药学背景，基督教徒，精通英、法文，思想解放，包容并济；任信谊总经理期间带领信谊走上时代发展的巅峰，是信谊文化最重要的精神来源。

在中国历史上，有这样一个群体，他们以其雄厚的经济实力与杰出的经营才能称雄中国商界达半个多世纪；他们在创造巨大物质财富的同时，形成了自己独特的精神风范和文化特质；他们的数次华丽转身，也书写了世界经济舞台上的壮丽史诗。他们是孙中山、毛泽东、邓小平三代伟人均关注并对之作出过重要指示的唯一的中国商帮。“千朵桃花一树生”，是他们最朴实无华的民族意识；“树高千丈，叶落归根”，是他们最简洁明了的乡土情怀。他们，就是享誉中国乃至海外的“宁波帮”。宁波商事之早可以追溯至公元前。公元前222年，秦于三江门以东设立鄞县。这个鄞县正是鲍国昌的老家。

在工商活动中，宁波商人立足于古老的中华文明，努力从传统文化包括从宁波历史文化中吸取智慧和养分，同时又不固步自封，具有开放的性格和自由的心态，以及迅速接纳吸收外来文化为我所用的能力，在众多的传统商帮中脱颖而出，并进而在新旧交替、中外混杂的近代中国社会左右逢源。可见，宁波帮海纳百川、兼容并蓄的文化心态是与生俱来的（摘自浙江工商大学出版社《宁波帮百年风云录》一书）。

作为在当年沪上风起云涌的宁波商人的一员，鲍国昌将宁波商人的特质注入企业文化。“创业争先、创新求变、踏实勤勉、报恩桑梓、兼容并蓄”，这些宁波商人的特质，都在鲍国昌身上得以体现，并融入信谊的血脉中。

无论是在管理、产品、营销等方面的屡创第一，还是对各国人才、各类人才的兼容并用，亦或是他本人对于主业学术的追求和专研及对社会的回报，都淋漓尽致地体现出这些精神，也因此变成了信谊的原始精神来源之一。

另一方面，同何子康一样，鲍国昌也是基督教徒。故而，他继何子康之后，亦将来源于基督教的“以人为本，慈善仁爱”等理念注入企业文化。

因为教会的关系，鲍国昌得以结识何子康，他们是同一信仰下的教友。从何子康时期开始，信谊药厂的员工们每个星期都会去教堂做礼拜，这一习惯也贯穿了整个鲍国昌时代。

作为西药企业，从西方宗教中寻求企业文化属性和精神来源，无可厚非。更难能可贵的是，信谊作为中西方文化融合的企业，不仅学西方，也尊重本土的传统。员工们不仅可以在西方的节日，如圣诞节、感恩节等到来之时享受假期，在中国传统佳节，如春节、端午、中秋等也不例外，单从这一点上也可以看出信谊企业文化的包容和多元化。

此外，在鲍国昌执掌信谊期间，也曾多次向社会捐赠钱财、药品以解人燃眉之急。1985年阔别祖国已久的鲍国昌曾再度回到信谊，看望信谊的职工和同仁，并赠款30万元作为职工福利金，修建职工宿舍，发放红包。此时的鲍国昌与信谊之间在法律上已经没有任何关系了，留存的仅仅是情谊，也正因如此，他的善举才格外令人赞叹。

另一方面，鲍国昌曾任洋行买办的经历，使得其还将“开放心态、兼容并济”注入企业文化。

买办阶层是中国近代历史上一个特别的阶层，创造了一种特殊的买办文化。买办是指1800年开始，帮助欧美国家与中国进行双边贸易的中国商人，从本质上讲，就是经纪人。“买办”一词源自葡萄牙文comprador，音译“康白度”，义译“买办”，原意是采买人员。买办这一个特殊的经纪人阶层，具有洋行雇员和独立商人的双重身份。作为洋行雇员身份，得到外国势力的庇护，可以不受中国法律的约束。作为独立商人的买办，又可以代洋行在内地买卖货物或出面租赁房屋、购置地产。最初，买办最多的是广东人，后以宁波人居多。鲍国昌就是其中之一。

作为买办，精通外语是必备的条件之一，鲍国昌精通英法两种语言。这与他从教会学校毕业及宗教信仰有关，鲍国昌的第一桶金也是来自于这一身份。在他创业经营实业的过程中，曾经的买办身份、宗教身份和宁波商人身份为他营造了一个非常有利的朋友圈，每当企业需要壮大或遇到困难的时候，这个朋友圈给了鲍国昌本人及信谊药厂极大的支持。此外，他还保留了置办地产的习惯，信谊在几次资金紧缺的情况下，依靠地产变现安然度过难关。

鲍国昌复杂的身份和背景为信谊带来了很多益处。他接任信谊药厂总经理的第一年，就去日本考察制药工业，当时给他印象最深的就是日本在药物研究和营销方面的人才济济，而且技术力量雄厚，产品质量精良。这令他不禁深深感觉自己国家的落后，于是他决心从人才培养和智力投资入手，加强企业管理，提高产品质量，办好信谊药厂。

除了去日本考察之外，鲍国昌还去了美国学习美国礼来公司、施贵宝公司的先进制药技术和管理经验，并及时把西方的科学管理理念和管理制度带回中国，运用于信谊药厂的经营中。这种开放的心态也在后来信谊合资建厂，引进学习型组织文化，兼并不同文化背景企业等大事件中充分表现了出来。

最杰出的守业者：陈铭珊

（信谊任职时间：1942年—1978年）

陈铭珊，1916年出生在浙江萧山一个职员家庭，14岁时到上海南洋药房当学徒。1934年，就读雷士德工学院化学

◎ 解放前夕，鲍国昌先生前往香港，后移居乌拉圭，曾任乌拉圭华侨商会会长。于乌拉圭逝世，享年102岁。然而，鲍对信谊的关爱却从未减少，1985年，他向信谊捐赠了30万元。

科，1937年抗战爆发后休学。1939年，陈铭珊被万国药房聘为副经理兼营业主任，后又兼任新光药厂厂长。陈铭珊在业界成名很早，是当时上海西药界著名的青年才俊。1941年，鲍国昌在陈铭珊的帮助下，成功应对了白莲泾码头药品被日军扣押事件。由此更得到了鲍国昌赏识。1942年，鲍国昌重金诚聘陈铭珊为信谊化学制药厂副经理，成为鲍国昌的左膀右臂，得到极大信任，主持日常事务。

1954年，信谊公私合营，陈铭珊就任改组后第一任厂长，1956年，作为全国青联积极分子代表团团长受到了毛泽东、周恩来的接见。1957年，再次受到毛泽东接见。陈铭珊曾任民建中央委员、常委、副主席，民建上海市分会委员、民建上海市委秘书长、主任委员；全国工商联顾问，上海市工商联副主任委员；第二至第六届上海市政协委员，第六至第八届全国政协常委；第十届上海市人大常委会副主任。

陈铭珊一生从商、从政，跌宕起伏，成就斐然。

回看陈铭珊早年就读的雷士德工学院，本身就是个传奇式的学校。学校由来自英国的地产大亨雷士德创办。雷士德一生勤俭节约，住宿舍，坐电车，却在身后留下了巨额资产和一份感人至深的遗嘱，他把所有的钱设立了一个基金，用于中国贫苦学生求学所用，为在医疗卫生、教育等方面有成就的学生提供赴国外读书的费用，并在中国创

陈铭珊（1916—2003）

浙江萧山人，中西兼学、勤勉奋发。由药房学徒转而求学雷士德工学院，后进入信谊成为鲍国昌的左臂右膀。抗战期间积极促成为新四军送药事宜。1954年公私合营后任信谊药厂厂长，两次受到毛主席接见。后担任上海市以及中央民建和政协领导岗位。一生无论从商从政皆成绩斐然。

办了雷士德工学院，校训却是体现中国传统文化的：苦心志，劳筋骨。

雷士德这位名副其实的慈善家去世后，葬在了上海的静安公园内。当年上海实业界对雷士德的学生，归纳有三个特点。一是自身素质高，不仅举止规范，还受到孔子思想教育，且容易接受西方文化。第二是英语基础扎实，大到“中国人坐满堂，英语讲满堂”的地步。第三是注重理论联系实际——学生毕业后多能成长为大工厂大企业技术骨干，有很丰富的实践经验。最主要的一个特点则是——学生毕业后都以勤奋的精神工作。

陈铭珊身上具有雷士德学生所有的特点：谦卑有礼、英语熟练、勤奋努力、聪明实干。更重要的一点是，陈铭珊对鲍国昌的知遇之恩和信任授权心怀感激，也真心敬佩鲍国昌的才干和抱负，能够完全理解、接受并执行鲍国昌的战略思想，继承和持续发扬信谊的文化传统，陈铭珊就像一个大总管，帮助鲍国昌管理他的王国。

“陈铭珊非常听鲍国昌的话，此人胆大心细，办事

◎ 1956年，陈铭珊作为全国青联积极分子代表团团长，和上海工商联代表团领队赴京开会，在北京怀仁堂受到毛泽东主席和周恩来总理的接见。

稳妥，白莲泾码头事件立了大功，‘文革’的时候，被批斗，吃了不少苦头，下放到车间劳动，但即便在车间，他的生活也是做得最好的，不服不行。”2011年采访已85岁的信谊老人计美虹时，老人如是说道。

“以前，我们厂有自己的设备制造科。我们有这样的传统——自己研究机械设备，自己制造，而且在业界都是首创的。我们研制成功后，会有很多兄弟企业来学习，会把我们的图纸拿去请机械厂铸模生产。在物资匮乏的时代，我们还是能解决很多问题的，陈厂长这方面的意识很强。”信谊药厂原副厂长成林兴谈道。

抗战期间，陈铭珊受其妹和鲍国昌的委托，曾多次向苏北新四军输送抗菌素等急需药品。这不仅仅是爱国主义的体现，也为企业赢得了更多的成长支持。在公私合营时期，陈铭珊积极地配合，懂得审时度势，专注于生产好药，充分展示了信谊由鲍国昌那里传承而来的开放心态和求变意识。

◎ 右图：刊登于《良友》杂志上的“长命牌维他赐保命”广告，描画了一位仙风道骨的老者站立在松树旁边，强调了此药能够强身健体、延年益寿的功效。

與松柏同壽
長命牌
維他賜保命
VITA SPERMIN
補針
補丸
長生不老之說，雖近無稽，然人類苟能調補得法，俾適合于生理之需要，則亦能收却病延年之功效，而與松柏同臻壽域焉。
維他賜保命內含之維他命與荷尔蒙及補腦神心血之精素，有天然生理作用，以之調養身体，功能府補兼到，增加抵抗力，使百病無隙而入，則体質自為強壯，而壽命自益增長矣。
本品又有輔助戒烟之奇效，一試便知。
上海信誼化學製藥廠監製
各大藥房均有出售

龍治
力勢動反
03·708

03

质量第一经久不衰的国货

美国著名质量专家朱兰说：21世纪是质量的世纪。原中国国务院总理朱镕基也发出了“质量兴邦”的呼吁，这表明，质量在世纪经济一体化的趋势下，具有特殊的意义。

中国最有代表性的百年老店同仁堂国药号，以“炮制虽繁必不敢省人工，品味虽贵必不敢减物力”之祖训，为最核心的理念，以此保证药品质量。无独有偶，从事西药产销的鲍国昌认为：“药品的质量是药厂赖以存在和发展的生命线。无论企业遇到什么样的危机和挫折，信谊都不会牺牲产品质量，破坏产品品质在病家心目中的印象。”这是鲍国昌的原话，由此可窥他对药品质量之重视程度。他规定成品出厂都要经过细菌培养、动物试验和化学检验，并逐批进行书面记录，以备日后查考。还特约上海广慈医院试用新药，对药品的医疗效果分组对比、测试，从而获得了科学的统计数据，为日后产品质量的提高和改良提供了可靠的依据。

而在我们持续达数年的采访过程中，问及信谊长寿的关键要素时，信谊老人们往往首先提到产品质量。有一个传说一直流传在信谊坊间——说当年把信谊的片剂埋在土里20年，拿出来依然不会变质。这至少说明，信谊人对自己产品的质量有绝对的信心。“为保证药品含量，对理化性质有特殊要求的药品，我们的投料总是在105%左右，药品内控标准总是要高于国家标准，这好像已经成了不成文的规定了。”曾任信谊生产质量副厂长的张月华如此说。

1985年，信谊是上海市第一家通过GMP生产许可验证的企业，获上海市001号证书。1994年，信谊累计有19个品种，58个批号被市场随机抽检，全部合格；第9次获得市场抽检率100%合格，这是自1986年6月我国药品市场实施抽检以来，信谊获得的九连冠。

自创立品牌至今，“质量”始终是信谊恪守不变的原则。

让我们把目光回溯到那个繁复莫测的时代，看信谊是如何靠质量第一赢得特殊委托的。

1932年，信谊除了主要产品维他赐保命外，陆续出品铋司莫撒而、乌罗透宾、麦角素、奴佛卡因肾上腺素(牙科麻醉剂)、盐酸爱米丁、樟脑油剂等注射剂，以及力弗肝、旦黄素等片剂和医用橡皮膏等23种产品。其中维他赐保命的产值占半数以上，毛利约为成本的一倍。但其他产品如何打开销路，实在让人烦恼。由于当时在华的中外西医师对国产的注射剂质量持怀疑态度，宁愿高价采购舶来针剂，也不用国产药品，因此信谊的注射剂产品一经推出就销路不畅，业绩受到很大的影响。为此鲍国昌和何子康商量后，于1933年派专人携带部分注射剂样品，送往美国鉴

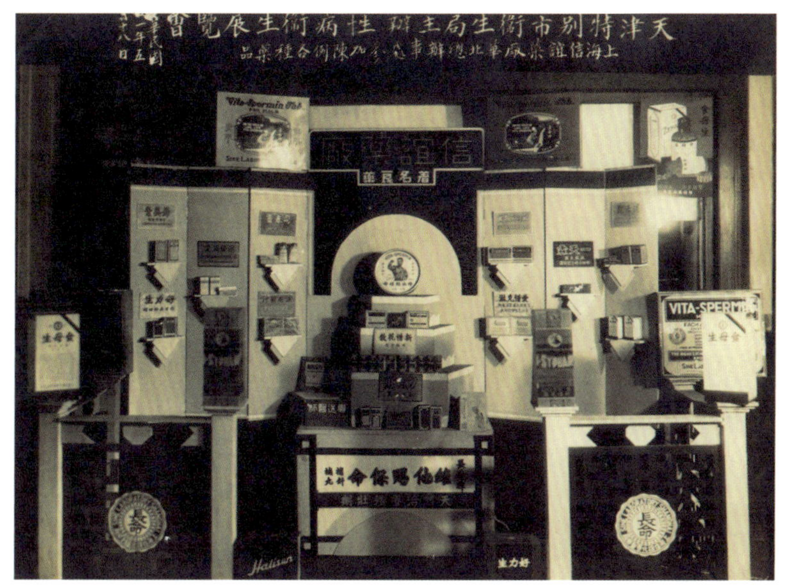

◎ 林林总总的信谊产品

定，经美国卫生机关及试验所、医院的检验和临床实验，认为可与英美同类产品媲美，并出具了相关证明文件。消息传来，信谊产品声誉大增，销路大开。

此时，正值国货运动风云际会之时，上海市政府将1933年定为“国货年”。国货运动即提倡国货、推销国货的运动，打开上个世纪二三十年代的报纸，经常可见诸如“中国积弱，外货充斥、利权外溢、提倡国货”等字样。国货运动可以追溯到1905年的抵制美货运动，在一片“不用美货、不吸美烟”的口号下，国货运动随之而兴起。但是需要注意的是，周石峰在《国货年运动与社会观念》一文中提出：“国货年运动自有其难以否认的经济功效，但是1933年年终，一些国货运动的倡导者就认识到：‘国货年’失败了，洋货物美价廉的路径式依赖已经形成。”

周石峰甚至指出：“国货运动的参与群体，其目标并未完全一致，工商人士偏重于与洋货争夺市场，而诸多活动家则主要是基于民族感情，中外贸易情形并没有改观，1933年，洋货输入竟达9亿元，为海关超空前之记录。”当时有人总结当时的经济说：“1934年的中国经济，是继续了1933年的衰落，而更加深化的一年。不论农业、工业、商业都显示了极度的衰落……如纺织业、丝业、火柴业、橡胶业均已山穷水尽。在经济中心的上海，例如南京路等繁华区域，因资金周转不灵而歇业的有百数十家。”（金

國貨證明書

國字第四六號

第弍等

茲據信誼化學製藥廠股份有限公司呈稱現有

工業品維他賜保命針劑

商標長命牌

係屬國貨請予證明等情茲經本部

詳為審查該工業品確係國貨特給

證明書為憑

右給信誼化學製藥廠股份有限公司

實業部部長吳鼎昌

工業司司長劉蔭茀

商業司司長張軼歐

中華民國二十六年三月十三日

◎ 1937年的国货证明书，信谊产品因物美价廉在国货运动中声名鹊起。

普森和周石峰，2007）。

1934年1月1日首卷第一期《国货月刊》亮相，基本每月15日出版，到1935年6月停刊，其中三次合刊，一年半的时间总共出版15期。在每期的扉页目录前，信谊均有刊登信谊产品维他赐保命的广告，不仅表示出支持上海的国货运动，同时也宣传了信谊的产品。

当时国货为何不敌洋货？那是因为消费选择最为根本的决定因素是价格与质量，以及因此而形成的品牌。史料证明，信谊产品能够力敌洋货，打开销路，绝不仅仅是因为顺应了国货运动中人们的爱国之心，因为即使再有爱国情结，也不可能长期违背需供相求的原则，弃物美价廉的洋货而用价格昂贵、质量低劣的国产货。因此，这足以说明信谊能够借力国货运动广开销路的最根本原因是其产品过硬的质量保证，以及品牌敢于将产品送检美国的强大自信起了关键性的作用。

信谊产品的质量在当时那个年代已经做到了极致，这里有几个事件足以证明在任何时刻，“质量第一”都是信谊人所坚守的准则。

1940年左右，信谊药厂已是纯华人资本的医药工业企业，经过霞飞和何子康两任领导者十几年的运作，信谊已具有较好的经营业绩。此时，上任不久的总经理鲍国昌，为进一步发展信谊，组织策划成立了信谊化学药物研究

◎ 当时的信谊化学药物研究所实验室内景

所，并聘请留法理化博士林世瑾主持研究所工作。

当时太平洋战争爆发，消炎药的需求迅速上升。消息灵通的信谊人得知当时国际上最新且具有显著疗效的抗菌消炎药是磺胺类药物，鲍国昌便立即授意研究所开发磺胺噻唑药。经过林世瑾博士与药师们的精心研究和试验，成

信誼藥廠化學藥物研究所宣言

主任林世瑾博士

科學爲建國之工具，亦係國防之利器，飛機大炮固爲科學之國防，然其他一切化學工業以及醫藥衛生等亦莫不與民生有關也。現代國家，必須以科學爲基礎，方能生存；戰時科學之研究，尤爲重要。吾國人對科學之認識雖甚早，而對科學之研究則不精。自與外國通商以來，民間所需之一切化學工業品，特以新藥一項，莫不仰仗於外國，每歲漏卮，何止萬億。間有選用國藥者，但因天時地利之不同，採辦困難，培製不易，出品未能與外貨相頡頏。且近來五方雜處，病多新奇，非用新藥，不能救治，故雖明知其爲舶來品，亦不得不忍痛購之，所以民日以貧，國日以弱。況連年兵燹，醫藥所需，倍於往昔。設吾國人，仍墨守成規，不求改進，一切仰給於外國，則吾國前途，實難樂觀。爲維持民族健康計，凡吾國人，有志於自救救國者，均應奮臂振起，根據建設即國防之意義，努力創辦新事業。亡羊補牢，尚不謂晚。

余幼年即喜研究化學，凡書籍雜誌以及耳聞目覩，莫不喜加以探討，證以實驗。長而就學於上海震旦大學，得良師益友之指導，對化學之研究，更覺意興彌長。匆匆數年，已屆畢業之期；本應服務社會，奈余自覺學識譾陋，未有專長，遂決意籌資出國，以求深造。於民國廿六年夏遠渡重洋，就學於法京之巴黎大學理學院，在後又努力繼續研究者兩年，以實驗心得，嘗屢次爲文，發表於巴黎理學研究院年刊。此時又曾加入巴黎化學研究會爲會員，時常參加討論各種科學問題，並數次被約作有關於科學之講演，余得益於此會者良多也。廿八年秋，幸得法國國家理化博士學位，遂買棹歸國。甫抵滬，聞友人盛贊信誼藥廠立場之偉大，業務之發達，即覺心喜，後承其介紹，來廠服務，遂得識該廠經理鮑君國昌，數度晤談，深佩其識見遠大，思想前進。嘗承其囑辦一化學藥物研究所，專事研究新藥，大量出產，以供社會急需，以濟國家危難。此議余頗贊同，蓋吾國科學事業，本在萌芽時代，雖有一二研究機關，但受戰事之威脅，經炮火之破壞，已零落不堪，少數之科學人員亦均東流西散，苦無一完善而安定之研究機關。今日鮑君之議，不僅爲國效勞，亦造福於我科學人員也。試觀現社會上之青年，多是用非所學，余何幸而能得此趁心之工作，故即欣然允諾，決意繼續研究，以期無負於信誼，無負於社會。現經努力籌備，已漸次就緒矣。本研究所暫

◎ 由林世瑾博士撰写的《信谊药厂化学药物研究所宣言》

分爲三部，曰研究，曰製造，曰分析。

研究部專司研究外國一切專利及最有效之藥品。爲此本部曾購置多種各國著名而又珍貴之書藉雜誌，作爲參考與研究之材料。如有不能收集購買者，則遣專員至各大圖書館内查閱抄寫，製成副本，以便隨時瀏覽。本所内之工作人員，均係對化學藥物有專門學識者，故所抄各件，實包括各國之語言文字也。此外則購置多種之貴重藥品，用精巧之儀器機械，經過各種物理化學方法之實驗，求得一簡便有效製法之秘訣後，再確實證明某藥之毫無差誤時，即選此法交付製造部，從事於大量之製造。

製造部之工作，係採取研究部所得之最善方法以達到大量出產，用少量之金錢，製成最純潔之藥品爲目的。當製造時，根據製藥學原理，試用各種不同之物理化學方法，將藥品提純，使盡善盡美，質地不變，易於保存。吾人但求出品精良，初不厭手續繁瑣也。本部因此又不惜巨資，購置各種名貴之機器，上品原料等，所費雖多，但較諸直接購買舶來品，其間相差已不可以道里計矣。凡本部已製成之藥品，爲慎重起見，再交與分析部，加以精確之檢驗分析。

分析部之目的，乃在各種藥品尚未正式大量製造以前，先對其原料，加以精確之檢視，是否純潔可用。於各種藥品已製成之後，仍加以詳細之分析，如檢定其物理化學之性質，審定其純度與其分子之排列是否正確，以及治療上之應用與劑量是否適宜等。果無絲毫差誤時，方予採用，供諸社會，萬一有不確不良之反應，則再改變製造方法，特出提純，爲後最後確實有力之保證，本所出品則交與本廠生理實驗部，加以試驗，以審定本所出品之效力及毒性。總期出品十分滿意而後已。

本實驗所之設備，力求清潔實用，不尚美觀，本所同人亦謹勉從事，不敢玩忽職守。惟事在初創，難免簡陋不週之處，尚乞社會熱心人士，科學界先進，本愛護本廠之盛意，時時賜以指導，以匡不逮，是所至盼。

功研制了磺胺噻唑的针剂、片剂，并于1944年为西药磺胺噻唑注册“消治龙”药名，后又扩大用途制成消治龙药膏、牙膏等。

信谊“消治龙”推向市场，因其显著的疗效，得到各需求方的青睐，销量迅速上升。“消治龙”可谓是“解战场急救之需，供百姓治病之用”，“创信谊单品利润之最，开信谊广告覆盖广度之先”的功臣。

“消治龙”传递给人们优质的使用价值和经济价值的信号。在通货膨胀时，人们纷纷以黄金来购买以作保值增值之用。

有关信谊当年如何把控质量关，据曾经的信谊女工王迎恩、王利恩姐妹回忆，为了送药上战场，救助前线战士，在做针剂设计时，所有实验组女工甘愿以身试针，来测试针头的安全性，以此来保障针头的品质。并且信谊生产的每一个产品都标有记号，可以通过这些记号来追溯到产品在生产过程中的每一个环节和每一位责任人。

1945年抗战胜利，信谊声誉日盛。在国民政府中央卫生署几次大的药品招标中，信谊药品皆以其优良的品质、确切的疗效而屡屡中标，引起了中央卫生署的关注。在一些专家同行和医院的推荐下，中央卫生署派人专程到上海信谊视察，他们被当时信谊独特的科学管理、优秀人才、先进设备所折服。中央卫生署研究决定：指定信谊代中央卫生署对制药企业送交审定的药物进行定性、定量和生物的分析检测，以决定全国各制药企业的新品及原料的合格与否。就此一份特殊的委托落到了信谊的肩上。

此后信谊与中央卫生署签订了一份协议，这可能是中国制药业有史以来，政府部门与一个制药企业签定的第一份特殊委托。下面就协议内容作部分摘录：

一、特殊委托项目，分定性、定量、生物三项，定性、定量，每项每月不少于20个，生物不少于10个，由中央卫生署按项目支付信谊定性和定量每个2000元，生物每个项目3000元的检测费，信谊确保每个检测项目准确无误。

二、中央卫生署对每个送检药物均撕去包装，只标记号，密封于特制的密封罐中，盖上特殊密封印，并且规定检测内容。检测数据由信谊检测分析人员准确无误地填入由中央卫生署按检测要求所需特制的表格内，不得涂改。送交信谊检测的药物由中央卫生署派专车专人送达信谊。

三、信谊按要求检测后须在规定的时间内（定性、定量10日，生物20日）将完成的检测结果连同药物及所填制检测结果数据的表格密封后，交中央卫生署派来的专人专车带回，不得延误。如特殊药品因特殊检测需要，必须延长时日，信谊必须在规定日期前，向中央卫生署另行提出申请，经中央卫生署同意，可以适当延长。但是，除遇不可抗力事件（如：水电煤不能正常供给等）外，其它无故延误，将视信谊违约，信谊将承担违约责任。

四、在信谊担任此项特殊委托期间，因检测所需而目前没有的特殊仪器，信谊有权向中央卫生署提出购置申请，经中央卫生署确认之后，由中央卫生署另行拨款给信谊予以添购。

五、中央卫生署对信谊此项特殊委托，为公正、公平起见，信谊与中央卫生署对外都负有绝对保密的责任。信谊检测所有药物的检测结果单据、表格，由中央卫生署制作特别印章交由信谊盖戳，以示郑重。

……

至此，总有一辆神秘专车每月定期定时出现在信谊厂区，将需信谊分析检测的药品带来，又将检测完毕的药品带走，信谊药物研究所正式担负起中央卫生署交付的这项特殊委托的重任。

一年之后，信谊认真履约，中央卫生署亦几次派专家技术人员亲临现场复核检测，若干药品还带往国外复检，最后结果都证实，经信谊检测、分析核定的药物产品均无一差错，十分精密准确。信谊的检测手段、方法、准确的检测结果得到了中央卫生署及国内外同行的一致肯定，为保密起见，信谊此项特殊委托对外从不显山露水。

至此以后，在很长一段时间里，信谊凭着此项用自己实力获得的特殊委托，在当时国民政府的有关部门、在药界得到诸多的特殊关照：信谊无论在贷款、进出口贸易、水电煤的供给等方面都获得了特殊待遇，使信谊的发展获得了很大的空间和动力。在老档案中有多份盖有中央卫生署大印的特批函，电力、进出口贸易、水电煤供给的特批通知，足以见证信谊的检测实力和业界信誉。

但另一方面，由于“消治龙”的走红，也带来了多方的竞争和挤压。信谊高层为保护“消治龙”，为其注册了15个不同中英文的类似商标。但立下厚功的“消治龙”，仍然没逃脱不法之徒造假的侵害。

1947年就发生过这样一件事。信谊药厂接到苏州警局

◎ 右图：信谊“消治龙”为当时的良药典范，得到各需求方的青睐。可谓是“解战场急救之需，供百姓治病之用”，“创信谊单品利润之最，开信谊广告覆盖广度之先”的功臣。

近墨者黑

消治龍

用良藥得好果

全國風行之化學製劑，主治肺炎，急性及慢性淋病，傷寒，痢疾，瘰癧，瘡癤，各種炎症及化膿性疾病，功效迅速，絕對安全。

信誼 SINE

全國各大藥房均有出售

信誼化學製藥廠發行

某县刑警队来电，要求信谊药厂立即派员前往苏州一趟。信谊高层一刻不误马上派员前往，到达苏州，只见警队办公桌放着诸多眼熟的信谊“消治龙”产品。原来，日前该刑警队钱队长接到密报，称在该区域内，发现较有规模的伪造赝品西药的机构。钱队长安排警力侦缉了一个阶段，稍有线索后，派刑警多人，卸下制服，佯装单帮生意人，于天色渐进昏暗时，与专事兜售赝品西药的掮客胡鸿祥接近，并向其购得消治龙赝品数盒。消治龙一到手，随即电告了上海信谊药厂。

警队请信谊来人鉴别消治龙之真伪，信谊人一到立即识其破绽，确定为赝品，可是为了取得确凿证据，还是决定送回信谊化验。化验结果告知，不法分子竟然用菱粉、奶粉、钙粉等粉剂合制成消治龙赝品。如果炎症缠身的患者用上此赝品，不仅会贻误治疗，甚至会危害生命，铸成大祸。

在确定这些消治龙是假药后，抓捕行动开始了。

刑警队希望信谊药厂给予配合，他们需要懂药的行家协助。信谊药厂派出高级职员唐次达、王秀生两位，装成外埠西药巨商专程坐火车来到苏州，与刑警队密谈了半个时辰后即赶到城外“天然饭店”下榻静候。

未及一日，唐、王房前，门铃响起，遂双方以暗语接应，唐、王斟其确无毫差，便开门迎进来客林某，原来此人系刑警队的眼线。三位低声商议片刻后，一起前往苏州市郊一茶馆。只见茶馆一角一掮客模样的男士正在喝茶，他见着林某便相迎而语亲热一番，随后林某指着唐、王二位便说给你带来好生意喽！原来此人便是上文提及的胡鸿祥，与林某早有交情。林某将唐、王介绍给胡鸿祥。唐、王二位与胡某一谈便入轨道投机得很，不一会儿谈妥两笔大生意；唐欲结束辞行，而王秀生一再示意这么好的价钱，再加一些消治龙，胡某得意地应允，正那时突然冲出三个人，当场把胡某捕获。原来是刑警队的科长和两位警探，他们早已预伏在茶室内外。于是胡某被带到了警局询问。

由于信谊的介入，案件打开了突破口，从胡鸿祥开始寻找赝品源头。胡某并非赝品生产者，他交代其赝品购自王文白、王汉永父子。在刑警队的迅速周密安排下出其不意，擒得双王父子并当场获得制药器具等。双王又供出主犯韩文德等3名。当晚十时乘胜追击，韩等3人被抓获就范，第二日凌晨二时许，韩犯又供出7名同犯。刑警队马不停蹄，连捕数名嫌疑犯。如此不到一日，此案基本告破，共抓捕制造赝品犯12人，器具、原料、包装印刷品等20几种。

民国三十六年（1947年）11月3日的《苏报》报道了此则假药案。报道原文的开头如下：

“上海信谊药厂出品之‘消治龙’，拜耳药厂之‘加当’阿司匹林等药，因系西药项中之热门，效用极广，致引起一股不法之徒伪造赝品，兜销市场之动机，图谋厚利。”

此原文报道篇幅较长，上述仅仅是简略叙述经过，而较大篇幅的详细报道有所有罪犯的真姓实名、在苏的居住地址、搜获的制药机器工具、原料和印刷品等的名称和数量；还有主犯韩文德的全部审讯经过的对话记录。很像侦察案件追踪缉拿的影视故事。

在信谊的老档案中，还能查到《江东日报》“破获

◎ 配合警方抓获制造假药“消治龙”的团伙，以及搜获到的制造假药器具。

伪造西药机关”的另一假药案报道。涉及药品也是信谊消治龙、施贵宝阿司匹林和拜耳阿司匹林。其中谈道：制造伪药原料是在菱粉内掺加药粉，阿司匹林掺加的是“退热粉”，消治龙加入“先发地亚净粉”，药盒一部分私印，一部分从药房中收来，每天能生产5000片。销往地区主要是南京、杭州、江西和京沪线各城市。推销人员30余人，一人分管一个区域。报道中也详列了罪犯姓名和搜获的制药所需各种器具等。

以上在上海档案馆有据可查，足以见证信谊在民国时期的发展已颇具名声，其药品与创建于19世纪的德国拜耳和美国施贵宝的药品一样被贪欲者假冒，也同样被媒体齐头并位地报道。而打假也始终与高质量产品结伴，民国时期也如此，信谊、拜耳、施贵宝生产的都是优质的极具声誉的药品，故被纷纷假冒。此外，从当时信谊在药品打假过程的认真扎实，和破获案件报道的详细真实中，亦可以看出整个企业一直以来坚守的信仰。

从上个世纪60年代起，信谊就被认定为国宾接待单位。1999年，荷兰女王贝娅特丽克丝和她的丈夫劳伦斯一行，在上海市政府官员的陪同下来到信谊参观交流，在准备参观车间时遇到一个情况，险些使参观无法继续顺利进行。由于信谊规定，所有进入车间人员必须经过两次更衣，并全身消毒，摘除身上的附属品，例如手表、配饰、帽子等等，而荷兰女王头上的帽子是王权的象征，是不可以随意摘下的。信谊没有妥协于外事活动，而是坚守了自己的质量原则，双方在多次交流后，荷兰女王只得让随从拿出一顶备用的帽子，经严格的灭菌、消毒等措施后，才得以戴着这顶帽子进入车间，完成了参观。

百年来，信谊始终将“质量”放在第一位。2012年4月5日，央视《每周质量报告》曝光。河北一些企业用生石灰给皮革废料进行脱色漂白和清洗，随后熬制成工业明胶，卖给浙江新昌县药用胶囊生产企业，最终流向药品企业，经调查发现，9家药厂的13个批次药品所用胶囊重金属铬含量超标，其中超标最多达90多倍。消息一出，业界哗然，民众恐慌。据悉，在这次毒胶囊事件中，不少知名药企也卷入其中。央视和上海电视台随即暗访了信谊药厂，上海各大媒体希望采访信谊药厂，并要求信谊对毒胶囊事件做出反应和评价，信谊闻讯速将旗下各生产企业的胶壳样品送检上海市食品药品监督管理局，并积极配合有关检测部门的抽检和检查，结果所有批次检验下来，信谊产品全部

◎ 荷兰女王莅临信谊，“红帽子”故事传为美谈。

合规合格。上海市财经频道就此事做了专题报道，称赞企业的行业良心。信谊质量过硬由来已久，胶囊虽是原辅材料，但是从采购开始的环节已经可以体现一个企业的文化和行为一致性。

谁也不能否认产品质量的重要性，药品质量更是不能有丝毫差池，但是就是有企业会偷工减料，把“质量第一”挂在墙上，挂在嘴上，落实不到制度，落实不到员工的行为上。这样惨重的代价已经不少了，“药损事件”频频发生，企业应声而倒，患者受到不可逆转的伤害。什么样的文化，就会塑造什么样的行为，信谊的“除了好药，还有信誉和友谊”，所强调的不仅仅是质量，还有对患者的负责，对社会的负责，把国民健康放在心上、放在手上的责任感，在这种文化导向下，企业就不会做出偏离它的行为和决定，每一个环节都会遵守这一个宗旨，这是文化无形的力量，尽管无形，但最具有约束性，是早已规划好的运行轨迹，若脱轨，必导致灭亡，没有人会去轻易尝试和舍弃。

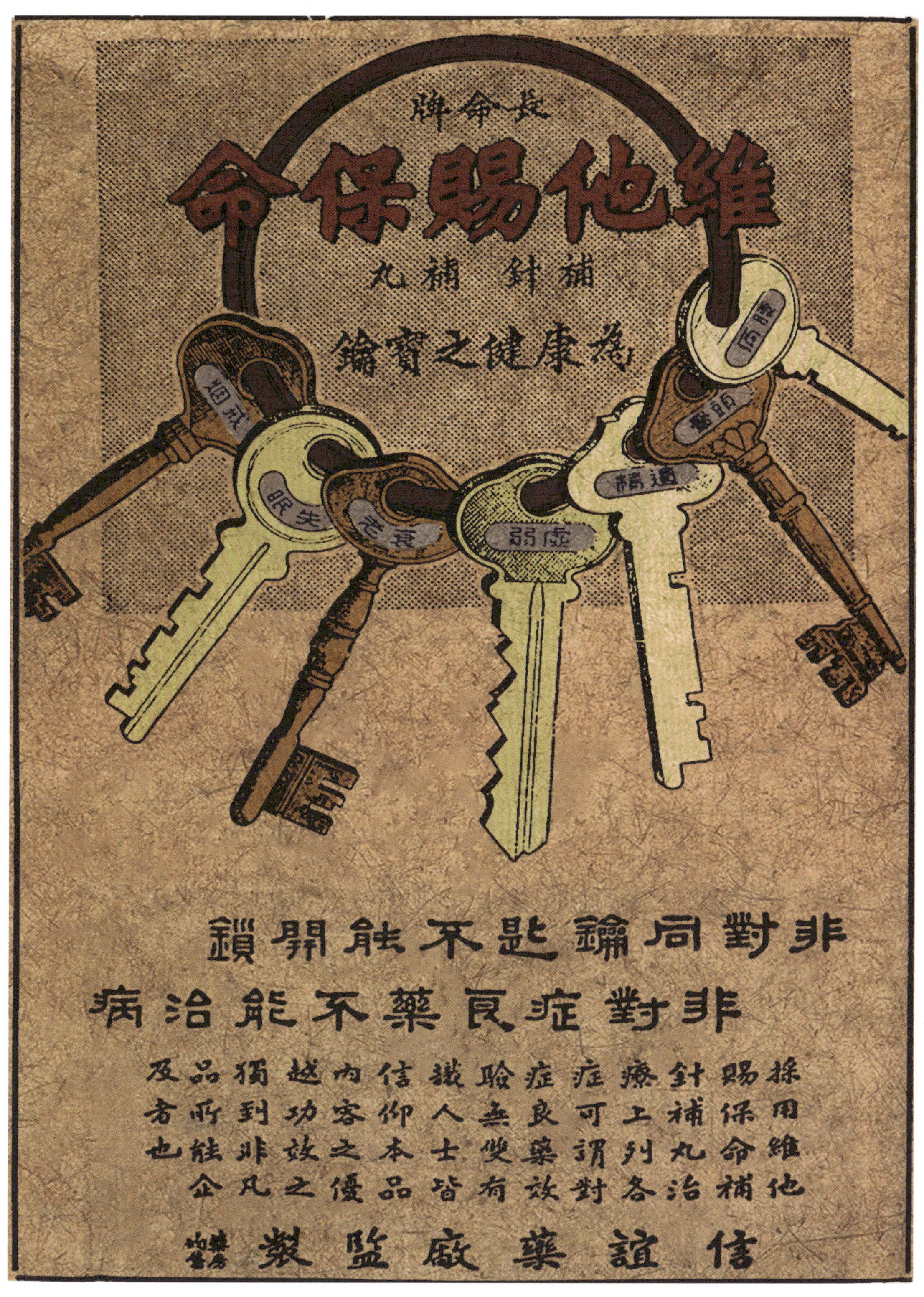

◎ 刊登于《良友》杂志的信谊广告，图文并茂地向百姓传播“对症下药”的健康用药理念。

化學製藥

信

04

救亡之际超越利润追求

核心价值观是一个企业的基本理念和信仰，是企业文化的核心和基石。简单地说，就是一个企业存在的理由，属于精神层面的东西，看似简单，实则至关重要。而对于信谊来说，百年来他们始终遵循的是反映其核心价值观的、广为人知的两句话。

第一句话：除了好药，还有信誉和友谊。这不是对企业名称的简单解释，也不是空洞的口号，而是具有深刻含义的，是历经多年发展而成的，来自最初创始人种下的基因，也来自于企业在经济环境中不断的尝试。长久以来，

◎ 马克思·霞飞的外孙哈佛医学院前副院长汤马斯·福克斯（Thomas Fox）教授应邀参加信谊建厂80周年纪念活动并深情致辞。

信谊这样诠释核心价值观，那就是——好药：质量上乘，疗效确切，安全经济；信誉：以信治厂、诚信经营、信誉为先；友谊：患者为本、以谊为人、回报社会。过往100年，信谊一直秉承着这样的价值观在做企业。

第二句话：为民族医药、百姓健康谋求福利。信谊走到今天，一直将民族医药大旗扛在身上，真心实意愿意承担这样的责任和使命，践行核心价值观，做好药，回报社会。

2004年，信谊品牌创始人马克思·霞飞博士的外孙——时任哈佛大学药学院副院长汤马斯·福克斯（Thomas Fox）先生应邀参加信谊建厂80周年庆典时发表演说，表达了他们家族对信谊的感情和期望。汤马斯·福克斯先生在发言中谈到他的外祖父当年为药房起名时特别选了“SINE”，因为“SINE”在拉丁语的词根里是“中国”的意思，寓意着他要把西药引进中国，实现在中国这样一个贫弱的国家治病救人的理想。由于历史资料的缺失，我们现在很难探求当年的霞飞博士对信谊未来的远大目标，但从这一初衷来看，已经远远超越了对利润的简单追求。

从第二代创业人何子康开始，我们就已经清楚地看到了信谊在价值观上的高起点，那就是要使中国新药发展不受制于西方舶来品，中国人要有自己的西药研究和生产，以此治病救人，同时不将药品以利益为目的输送到国外。这里有对当时国情、社会环境和商业环境的判断和决心，也有浓烈的民族情结和爱国气节。何子康在《药学同志之使命》一文中谈道——

> “药学尤感幼稚，而治新药学者又若是其少，以少数之人才，负艰巨之使命，似有掣肘之感，然而吾人既治此学，似不应畏难不前，宜以全力以赴之也。顾吾药学同志之使命为何？曰：吾同志之使命繁且复也，本草所载，国药之常用者，不下数百种，其成分为何？其有效成分为何、如之何能撷其英华以利临症？此吾同志之使命也。整理国药岂异人任乎？新药东渐以来，每年所用西药大率为舶来之品，吾人宁愿他人之经济侵略？如之何可完全不仰给于人？此吾同志之使命也。制造新药岂异人任乎？环顾国中药学人才。十万人中不得一人，如是其少也。如之何以培植人才？如之何以奖掖后进？此又吾同志之使命也。先

觉觉后觉，岂异人任乎？公共卫生之推行，又须赖乎各种之理化学检查，以学术助其推行此又吾药学同志之使命也。卫生化学之应用岂异人任乎？若夫学术之进修，新知之交换，为任何学者共同之使命，是又何烦再述。”

从上面这段文字中，我们可以看到何子康对中国西药的发展思考甚多，一再谈到使命，这不仅仅是从一个企业本身的生存发展去考虑，更是考虑到了产业，甚至是国家的命运。

何子康时期的信谊，不过是一个弄堂小厂，就能有这样的远见和理想。由此不禁令人想到柯林斯在《基业长青》这本书中谈到IBM时所说的：“我们发现高瞻远瞩的公司经常不是在成功以后才拥有崇高的理想，或是设立一种核心理念，而是在它们还处于奋力时期时就已如此。”如同花旗银行在规模还很小的时候就定下目标，要成为遍布世界的金融机构一样，何子康当时也已经阐述了一种国人制药产业自强不息的理想，以及对培养国家自有药学人才的迫切渴求。可见，信谊日后能成为百年药企，绝非无本之木。

而到了鲍国昌时代，他不仅传承了何子康的思想和信念，更上升到了“产业救国”的高度，具有强烈的爱国意识和民族情结。鲍国昌撰文写道：“中国药物资源丰富，但如麻黄、桔梗、当归、龙胆、肉桂、朱砂等各种植物、矿物药材大量输出国外，为外人所用，利权外溢；而舶来西药每年输入以百万美元计，亟应堵塞漏卮。”“本厂炼制国药取精用宏其目的除服务社会外，在为国家挽回一分权利，即为国家保持一分元气。”“循此轨辙，缘时代巨轮而推进，出品之力求精良，业务之适应需要，与新医之发展，共相联系，进而谋普及医药，保障健康，为吾人所当再接再厉者也。”

鲍国昌时期的企业信念和价值观，把国家利益和国民健康利益上升到了一定的高度，这也充分体现在了他在企业运营中对药品质量、新品研发等重要的环节中，将企业打造成行业的领导者，并占据着民族情结和行业道德的制高点。

另一方面，作为信谊最重要的领军人物，鲍国昌也将所有的心血都倾注于企业的发展上，几乎倾其家产，以此来扩资主政，将信谊纳入民族工业之路。

鲍国昌对信谊药厂的倾情投入使他在结婚时囊中羞涩，只用散钱给新婚妻子买了一枚细细的金戒指。他觉得愧对娇妻，便向妻子承诺：“现在我买不起大戒指，我的资金全都投在生产上了，将来一定要补送你100枚戒指。”鲍太太以为丈夫在说笑，便打趣道：“开玩笑，呒轻头。要100只戒指做啥？不过，这话听起来蛮开心。”鲍国昌先生晚年定居在乌拉圭，于当地逝世，享年102岁。2004年，正值信谊建厂80周年之际，信谊邀请鲍国昌先生的夫人以及两个孙子，来参加信谊的庆典活动。回忆过往，鲍夫人感慨万千。她说：“鲍先生离世后，在整理丈夫遗物时，发现了自己的一只沉甸甸的首饰盒，打开一看，里面全都是丈夫曾经送给自己的戒指，细点之下，竟然有108枚之

◎ 2004年，鲍国昌夫人杨玉清女士在信谊留影纪念。

多！”回忆至此，鲍夫人百感交集，泪水夺眶而出。

鲍国昌用他的守信默默地履行了当年对夫人的承诺。他用信谊式的诚信，传达着他对家人的爱意，也以同样的诚信，为信谊的产品，信谊的文化践行着信誉、友谊、真诚的承诺。

2004年，在信谊80周年之际，鲍国昌的夫人带着鲍先生的遗愿再度回到信谊时，信谊已经搬迁至浦东金桥开发区。

几位当家人对企业信仰的阐述和理解代代相传，当然这并不是纸上谈兵的空谈式口号，在这里有几件事，在信谊成长发展的历史长河中都起到了重要的作用，也见证了它百年如一日的企业文化。

1936年底，随着日本侵略中国，全民抗战拉开了序幕。当时信谊的总经理何子康必须面对抉择。前文已经提及——他和鲍国昌都是虔诚的基督教徒。在国家危亡之际，他们对日本侵占中国的侵略行径义愤填膺，强烈的爱国心民族情，促使何子康思考信谊人应为抗日前线的将士们做些什么？于是他就和下属的几位主管商量，为助前方抗战将士一臂之力，信谊全体员工募捐一日薪资，慰问前方将士，以表信谊制药人坚决支持抗战的决心和心意。对此，员工积极响应。

就这样，为抗战前线将士募捐一日薪资的捐款活动就此在信谊展开。不到一日，募捐款项就已收齐。随即何子康将此笔捐款交与新药业同业公会，委托新药业同业公会将捐款转交抗战前线的将士们。为将此捐款去向告知全厂员工，新药业同业公会特意开具了收据，并由何子康带回，何子康在1937年1月11日，以总经理的名义发了《信谊1937年通字第一号通告》，以告知信谊全体员工，所捐善款已落实之事。

这一历史事件，是信谊近百年历史中每年“一日捐”的最早起点，在抗战烽火刚起，信谊人即为支持抗战，慰问前方将士进行的募捐一日薪资活动是信谊“一日捐”的源头。半个多世纪过去了，信谊的“一日捐”献爱心活动就这样一代一代、一年一年地传了下来，历史的沧桑，让信谊经历了时代的风云，但是信谊人的爱，在这一年又一年的“一日捐”中源源流长、绵绵不断。

1941年，太平洋战争爆发，日本占领上海白莲泾码头，扣押了所有进口货物，信谊及其他药房、药厂的货物都被扣押。信谊设法取物未果，经人介绍，认识了万国药房副经理——陈铭珊，鲍与陈一见如故，理清思绪，再度“公关”日军，经过一番波折，终于取得了日军通行函，最终得以进入仓库，取出10件货物，其中信谊6件，华美药房4件。无偿帮华美取回白莲泾码头货物的消息在药界同行中不胫而走，那些苦于不能取出的药房药厂老板们纷纷登门求助，委托信谊代为交涉取出被扣押的货物。

陈、鲍二人通过强大的关系网结识了日军军医处的头目，在对方的协助下，信谊将仓库内大量的货物予以取回。日方表示，所有药品均由信谊药厂统一收下，继而由信谊药厂根据各个货主的托运取货凭证将货物分发各货主。

从现存上海档案馆的老档案显示，信谊药厂当时取出溯自民國三十年十二月太平洋戰爭爆發後，上海之英美產業悉爲日軍接收，屬於美國總統輪船公司之白蓮涇碼頭（即大來碼頭）亦不能例外。是數日前由「麥迪生」（Pres Madison）及「哈立遜」（Pres Harrison）二總統號運來之貨物均卸於該碼頭，因尚未辦理報關手續而不能提出者，爲數極多。爲日軍充公徵收者有之，被迫以低價收買者亦有之（徵收者爲靜安機關）。本廠由該二船所裝來之原料及機械爲數不少，爲避免敵人利用該項物資及減少自己之損失起見，當由新藥業公會之傅幹事沈恺一君接洽由彼約劉鴻斌君向日軍一與工部局交涉發還，經數度之交涉與折衝，始有端倪，並允本廠人員先往大來碼頭察看貨物。

一 提貨前之第一次查點貨物

於三十一年三月中旬本廠前報關行赴碼頭作初次之察看，但該碼頭上之日軍未允登岸，不得要領而返。

◎ “白莲泾码头智取物资”事件实录笔记

的货物有下述企业：信谊药厂、中英药房、华美药房、中法药房、中西药房、兴华公司、志乐西药行、大美公司、新济药房、正威药房等几十家，所提货物共计221件。

而此时已是信谊副经理的陈铭珊语重心长地说了如下一番话：“同行的货，我们既然已找到，就是不幸中之

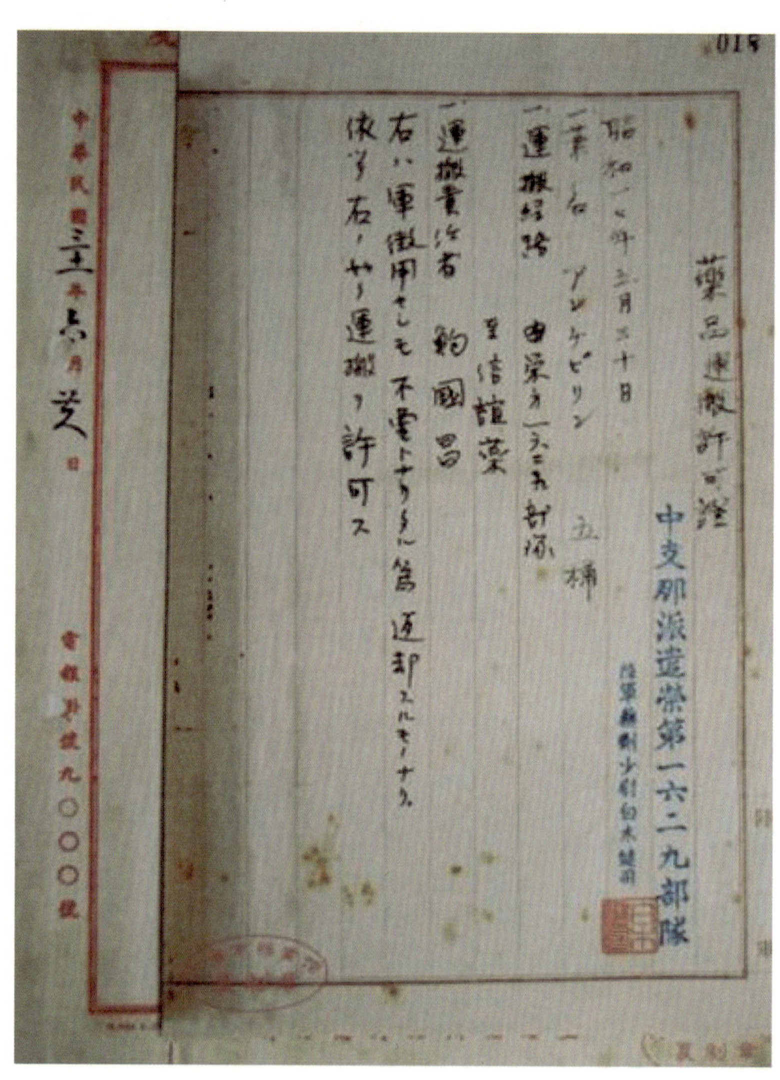
藥品運搬許可證

昭和一八年三月三十日

一、品名　アルケビリン　五梱

一、運搬經路　由榮第一六二九部隊　至信誼藥廠

一、運搬責任者　鮑國昌

右ハ軍徵用セルモ不要トナリタル爲返却スルモノナルニ依リ右ノ如ク運搬ヲ許可ス

中支那派遣榮第一六二九部隊

陸軍藥劑少尉白木健司

中華民國三十二年六月　日

電報掛號九〇〇〇號

◎ 信谊代表中方药界在白莲泾码头提货时日方开具的取货凭证

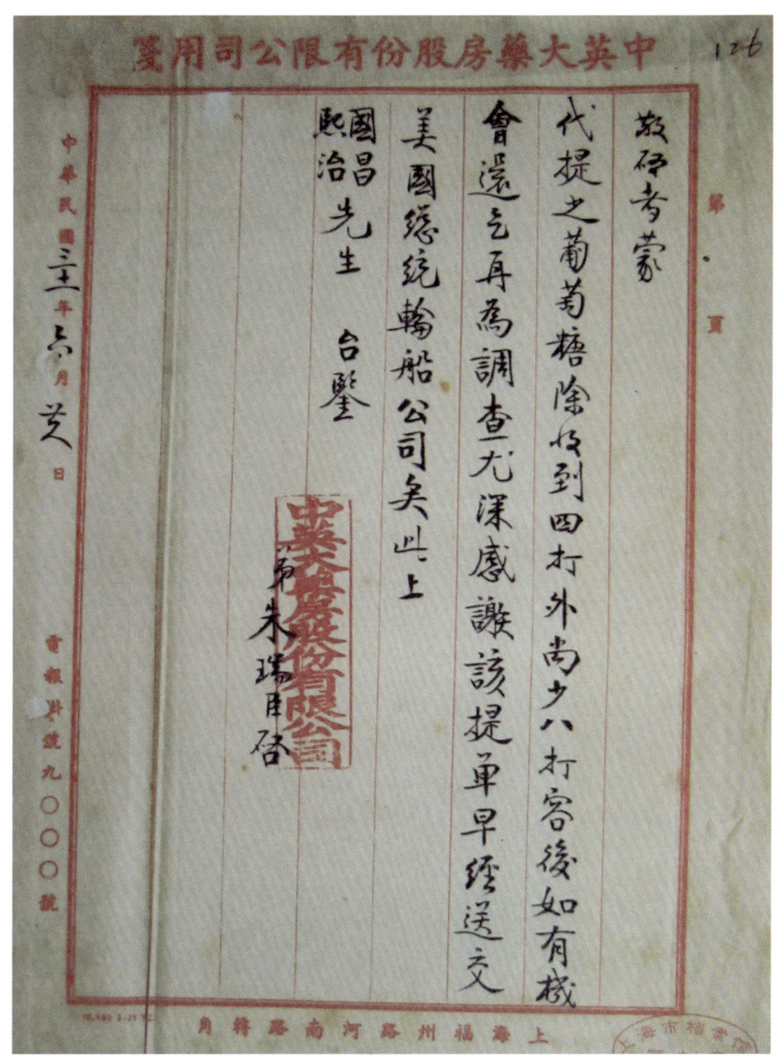

中英大藥房股份有限公司用箋

126

第　頁

敬啓者蒙
代提之葡萄糖除收到四打外尚少八打容後如有機
會還乞再為調查尤深感謝該提單早經送交
美國總統輪船公司矣此上
國昌
熙治先生　台鑒
弟 朱瑞甫啓

中英大藥房股份有限公司

中華民國三十五年六月廿六日

電報掛號九〇〇〇號

上海福州路河南路轉角

◎ 中英大药房委托信谊提取缺件申请单

大幸，所以必须帮助取出，以免遭敌人的毒手，信谊有责任，将同胞的货物物归原主。信谊是讲诚信的，要尽一切力量，把这事办好。”

抗战胜利后，内战爆发。民国三十六年（1947年），全国皆处于血雨腥风的解放战争时期，上海也陷入了黎明前最黑暗的时期。国民党大肆捕杀爱国人士及中国共产党员，在上海监狱里挤满了被国民党抓来的各种人士，其中很大部分，是中国共产党的地下工作者。由于狱中环境恶劣，缺吃少穿，再加上敌人的严刑拷打，整个监狱犹如人间地狱。当时人满为患的狱中又流行起了瘟疫。无情的疾病致使狱中很多爱国人士和共产党员没有倒在敌人的酷刑下，却倒在了疾病中。消息传到狱外，地下党组织万分着急。如何才能帮助狱中同志度过难关成了当务之急。上海地下党组织当时就决定，一面让狱中党组织通过各种方式组织难友提出抗议，迫使敌人施救，一方面呼吁各界国人对狱中难友进行紧急援助，有力出力，有钱出钱。当然最佳的救助莫过能及时提供救命的药品。当时在信谊，就已

◎ 原上海市副市长叶公琦、信谊地下党党员王迎恩夫妇。中国共产党在关键的历史瞬间始终是引领这个百年企业前行的强大力量。

有中国共产党组织活动，在党的地下组织的沟通暗示下，对狱中人员紧急救助这一慈善行动和早存爱国之心的鲍国昌的意愿不谋而合。

在信谊的厂务会议上，高层一致通过对监狱无私捐助一批药品的方案，同时派专人负责与监狱联系。并且向监狱方言明：信谊所捐药品，必须给狱中最需要治疗的人使用，信谊要知道药品用途和使用数量。并通过关系，与狱中的狱医联系，从外围帮助狱中患病的人们，实施紧急救治，以渡难关。迫于压力监狱也对信谊的善举作出了回应，给信谊写来了一封措词微妙的致谢信，其中提到——“贵药厂嘉惠囚徒，毋任感荷。余已伤科登册备忘并应用处，相应备函以道谢，即希。”

在信谊送药不久之后，传来消息，信谊捐助的药品在对狱中地下党重要人士的施救中，产生了很好的疗效。

时至今日，为民族工业和医药产业振兴的理想和情结依然在企业的血脉之中流淌，像是一股无形的力量，激励着企业向前发展。2000年，时任信谊总经理的陆培康在接受记者采访时就提出要做中国狼，抢占本土市场，走出国门，与外资、合资企业一决高下。据调查称，2020年，中国医药市场预估2万亿人民币。在高速扩容的药品市场中，外资药却占据着瞩目的市场份额。在二级和三级医院市场占有率排名前10的企业均以外资或者合资药企为主。面对

◎ 信谊员工、全国劳模樊水玉同志得到了时任国家主席胡锦涛的亲切接见。

这一严峻的态势，从2009年开始，信谊在业界连续多年举办行业高层论坛，与国内知名民族企业及政策、产业专家一起探讨中国本土制药企业发展之路，充满了国家责任感和行业忧思。信谊自己培养的全国劳动模范樊水玉同志在参加国家两会和党代会时也多次受企业嘱托，呼吁国家思考药品降价政策的一刀切，保护民族制药企业的合理利润，保证经典廉价老药还能留在市场上为百姓谋福利。

核心价值观作为经营理念的核心为所有员工提供一个共同的目标，是一种共享价值观，而超越利润的信念和价值观更能够激励一代代的创业者和守业人努力践行它，形成了一种强大的集体意识，激励每一位员工自觉地为其拼搏，这样的一致信仰和一致行为能促成企业获得持续的市场验证和持续的成功，使做成百年老店，让企业基业长青并不只是一个梦想。信谊的“除了好药，还有信誉和友谊”的企业文化就是信谊始终坚持超越利润的信念和价值观的集中体现。

◎ 右图：随季节变化，刊登产品广告，贴心又有效。此图为秋冬季节“治未病”理念的广告，祝愿百姓：顶住风寒，不患病。

謹防傷風
好力生
比目魚肝油精

05

人才高地绝非一蹴而就

对企业发展来讲，人才的重要性毋庸置疑，但是，有多少企业真正做到了对人才的重视和尊重，把对人才的培养放到战略高度去执行呢？恐怕要打一个大大的问号。要想做基业长青的企业，没有大量人才是万万不可的。

在采访中我们认识了一位叫施介生的老人，当时82岁的他是一名信谊退休老技术员，他告诉了我们这样一个故事。信谊有一个很有名的职工，叫王秀生，是鲍国昌非常重视的一个人才。此人是文盲，但是脑袋灵光，有一手绝活：不管什么机器，就是全英文的国外进来的先进机器，只要让他仔细地看上一遍，他就能进行完整的拆卸、组装及修理。除了机械方面的天赋外，王秀生的情商也非常高，他曾经还协助警方破获过消治龙制假案。鲍国昌曾经奖励给他一辆哈雷摩托车，以表彰他的贡献。鲍国昌不拘一格降人才的用心，可见一斑。

几乎每一位信谊的老员工都会提到鲍国昌对人才的高度重视和倾心培养。鲍国昌接任总经理后，非常注重专业人才的发掘和培养，选用专家，做到知人善任，充分发挥所长。他认为“从来没有一家工厂因为工资高而关闭的”、“高工资能够出人才、出产品”。他不惜重金在医药界高薪网罗从国外学成回国的高级专业人员，如留学法、德的药学教授潘正寿，法国国家理化博士林世瑾、医学博士毛守白，留学美国的药学博士蓝春霖等人，信谊也因此形成了技术力量密集的优势，先后研制成功的各种新药，都在同业中占有领先地位。

除了将饱学之士纳入麾下，鲍国昌还用独到的眼光挑选出合适的人才送往国外进修。潘咸新就是其中之一，他曾就读于震旦医学院医学专业，毕业后就到信谊工作，主要负责生物化学检测。潘咸新为人成熟稳重，颇得鲍国昌欣赏。当时市面上，生物监测比较少，鲍又有意要强化信谊在生物监测上的能级，潘虽是医学高材生，但对药并不精通，故而，鲍将其送去法国进行生物专业的进修学习。

送人才去留洋学习在当时那个年代是件相当不容易的事，除了手续复杂之外，价格也十分高昂。有人问鲍国昌：若是潘咸新学成归来，不为信谊效力又当如何？鲍坦言，送人留洋学习对企业而言确实是承担了一定风险的，但只要培养出来的人能为国效力，吾于愿足矣。一年后，潘咸新学成而归，同时也将西方生物监测的精髓带回了信谊，并在企业内部进行了分享与再研究，带出了一批生物监测方面的专家，大大提升了信谊在生物监测方面的能力。鲍国昌离开信谊远赴乌拉圭后，潘咸新为上海医工院所重用，在中国生物监测方面发挥了不可替代的作用。

除了让员工去外面进修之外，在企业中开办学校，也是信谊在人才培养上的一大创新。一所名为“信谊宣传讲

◎ 1946年，信谊部分中层管理者合影。

习所”的培训学校落户信谊，它的创建、实施、运行在信谊药厂的发展史上，意义深远。它是信谊最早的职业培训学校，也是中国制药业“工厂学校化”雏形之一。

1943年6月7日的“信谊讲习所”正式开班，信谊宣传讲习所所长由鲍国昌亲自担任，同时还聘请了以下几位讲师：杨树勋博士、金鳌教授、蓝春霖教授、潘瑞堂药师、陈国纲药师、庄畏仲药师……公开课设立如下：

课程	课时	讲课者
公司组织概要	二小时	鲍国昌先生
交际与处世	四小时	潘瑞堂药师
化学概要	十小时	杨树勋博士
医学大纲	十小时	庄畏仲药师
细菌和免疫学概要	六小时	蓝春霖教授
……		

共设11门课，总共100个课时，上课26次之后，就进行

期中考试，上完全部课程进行期终考试，考试成绩将作为今后信谊职员评聘考核及工资晋级的依据。

通过讲习所的学习，信谊职员们对药学知识有了较全面的了解，并切实运用到工作中去。通过讲习所的考试、评选，一批年轻有为的制药管理、药学研究、销售推广的人才脱颖而出，不断地充实于信谊的各个岗位。信谊就这样为迎来新一轮的发展打下了扎实的基础。此后，信谊的管理不断地规范，信谊的销售量不断地超过同行，信谊的新产品不断地推向市场，信谊宣传讲习所的教学大纲也随之不断地补充完善。

因白莲泾码头事件，信谊药厂确立了自己在药界的地位，并以一系列新药的试制成功，迎来了企业进一步发展的契机。而鲍国昌始终有着创立做大民族药业、发展民族西药、为国人救死扶伤做出贡献的心愿，他深知，如果想要实现自己创建民族药业的鸿图，最需要的就是优秀的药学人才、管理人才、销售人才、市场人才，去实现他的宏图大业。尽管鲍国昌通过白莲泾事件结识并引进了陈铭珊，但这还是远远不够的，他需要的是一批人才，一个强有力的人才团队。在当时的上海，这类人才很少。信谊要发展，必须面向社会，广纳人才。那么怎样才能让人才流向信谊呢？鲍国昌一时想不出更好的办法。正在此时，一次意外的交谈，让他找到了办法。

一天，鲍国昌碰到一位在信谊实习的青年，经询问得知此青年就读于药学专业，目前还有一年学业，因家境贫寒，明年可能因付不起学费而辍学，该青年学习成绩甚为优秀，当时鲍国昌顿生帮助此青年完成学业之心。他在后来的高层管理会上曾语重心长地说：“这些优秀真诚而又家境贫寒的求学青年，如果信谊能够助他们一臂之力，帮助他们完成学业，让他们学成之后能为信谊服务。这岂不是一件两全其美利人利己之事。”

接着，鲍国昌就马上吩咐财务、行政办公室就此事各自拿出具体实施方案，经各部门多次协商讨论，并通过高层部长会议审核，设立“信谊药厂奖学金”一事于1943年8月正式向外宣布。

◎ 信谊注重各种社会关系网络维护，时常搞些“体育外交”。

“信谊奖学金”设立之后，信谊药厂对申请“信谊奖学金”的青年应具备的条件和得到奖学金之后的考核也进行了规定：

1.面向全社会，本厂同仁子弟及现在服务之练习生职员有优先权。

2.学业成绩主要科目在八十分以上，总平均在七十分以上。

3.操行等第在乙等以上者。

4.由学校当局推荐，家长及保护人，学校校长签名盖章。

5.本厂审核或考试方法认为合格者。

6.凡接受奖学金者，其在家人或本人有还款能力时，应将奖学金一次或分期偿还，以助他人，如愿量力捐助者，更加欢迎。

从上述条件，不难看出，当时信谊药厂的高级管理层设立“信谊奖学金”完全是站在育人选才的角度出发的，他们对奖学金得主的考量，不仅有学业成绩的要求而且有操行上的评定，这种不仅对资助者人选进行优中选优，而且注意培养他们学成之后，不忘回报社会，帮助后来者的

◎ 信谊最早的管培生，面向社会，资助、选拔青年优秀人才。

慈善助人之公德，对发扬中华民族的勤劳、善良、热心、感恩报德的民族精神作了很好的倡导，将信谊的“除了好药，还有信誉和友谊”的理念，演绎得淋漓尽致。

另外，每个学期对资助学生的考查表，信谊也作了精心的设定，请看：

1.课余时间作何消遣？如何利用？

2.你最喜欢的三门课和你最不喜欢的三门课？

3.除学校规定的功课外，还喜欢哪几种学科？

4.课外喜欢看何种报纸及那类文学？

5.在学校中所参加的课外活动团体是什么？

6.我所希望贡献于社会的是什么事？

7.我自知有几种学识上的缺点？常犯的弊病？

8.下学期如何准备，倘不能再入学时有什么计划？

当这些基于学生日常生活细节及学业上十分具体的提问展现出来之际，亦展现了当时信谊对优秀贫寒青年的精挑细选、全面了解和持续不断的跟踪考查。难怪当时知道此事的业界同行们都说："经过信谊药厂评定，能获得奖学金的学生都是家境虽然贫寒，但在学业、品行、才华上都是十分出众的优秀学生，信谊药厂的鲍国昌是在为企业甄选精英啊！"

从历史材料中不难发现，在信谊创立发展史上，在上世纪40年代初期和中期，信谊从一个名不见经传的药房小厂，能够发展成为远东第一，名扬海内外的制药企业，这与当时的中高级管理层聚集了众多精英人物有着重要的关系。1946年3月，信谊旗下大学及专门学校毕业者总计68人。仔细分析当时员工构成——当时职工人数约六七百人，管理职员200人以上，因此，高学历者约占总职工数量的1/10，约占管理职员的1/3。

这些引进人才均为名牌大学毕业，这在当时药界十分罕见。这些人员来源既有当时报纸招募，也有去名牌大学高薪诚聘和高级管理层同学间推荐，亦有大学毕业之后个人写信至信谊自我推荐的，更有主要核心层赏识从其他企业招入信谊。例如：

1938年，林世瑾于法国巴黎大学获理化博士学位。回国之后，写信自荐至信谊药厂，希望投身信谊药研事业。鲍国昌早有成立药物研究所的规划，一直苦于找不到合适人选委以重任。人事部门一收到林世瑾的自荐信便向鲍国昌报告，当日下午，鲍接见林。第二日，双方签署聘用合同，决定成立信谊药研所。

鲍国昌厚待诚聘林世瑾，先后任命他为信谊化学研究所所长及信谊化工厂厂长，着重进行新产品研究。在林世瑾当时创立的信谊化学药物研究所里，初创期共有24人，有一半以上是名牌大学毕业生，这在当时药界是颇具实力，信谊凭借强大的科研阵容，在1938年以后，药品种类逐步增多，并形成食母生、好力生、维他新、西他新、新惜花散、消发灭定、新力弗肝、高力皇、一天霖等几十个著名产品。

尤其在1940年底，以林世瑾为首的一批信谊高精尖研发人才成功研制了磺胺类消炎药品“消治龙”。“消治龙”为信谊第二个里程碑式产品。信谊从“维他赐保命”起家，靠“消治龙”腾飞，成为上世纪40年代制药工业中的领头羊。

在鲍国昌的充分授权下，林世瑾在信谊新品研制、药物研究、人才培养以及产品质量标准制定等方面，为信谊做出了卓越的贡献。

张邦纶（1919—2001）

上海松江人，毕业于沪江大学理学院（上海理工大学前身），曾以扑出“亚洲球王”李惠堂点球而闻名足坛，被尊为“远东第一铁门”。1943年特聘张邦纶加盟信谊任营业代表、营业部主任，他的球技和人格魅力不仅赢得自身声誉，也为信谊品牌提升作出贡献。

而当时被誉为“远东第一铁门”的张邦纶（1919—2001）曾是国家一级运动员，1948年和1952年，他两次代表中国出征奥运会，两届奥运会均为中国足球队主力门将。尤其在1952年的赫尔辛基奥运会上，张邦纶作为新中国第一批国家队队员，还荣幸地担任了中国代表团的旗手。时人评语：“在场上不仅球踢得好，而且非常优雅，有风度，从来不恶意犯规，所以很多球迷都把他当偶像。”

1942年，张邦纶大学毕业后，进入中华化学工业原料公司工作。1943年，鲍国昌为了让信谊产品具有名人效应，特别聘请他加盟信谊。张邦纶遂成为信谊的一名营业代表，后被鲍提拔为营业部主任。鲍国昌十分支持张邦纶踢球，但凡比赛，一律准假。张邦纶不负众望，凭借出众的球技和超凡的人格魅力，不仅为自己赢得了声誉，也为信谊名扬四海做出了贡献。当时，“信谊产品的质量有‘铁门’张邦纶守门，不合格品绝不会出厂”的承诺，让国人坚信不疑。

还有一些大家熟知的，比如当时以文字漂亮、文笔

◎“远东第一铁门”张邦纶严把质量关

秀美和鲍国昌同为震旦大学毕业的——张伯萍；有参与白莲泾码头从日本人手中智取货物立下汗马功劳的——陈铭珊；有为信谊研发拳头产品“新惜花散”的——杨树勋博士；在信谊人事招聘管理上独树一帜、刚柔并济的交大实业管理系毕业的——张芝祥、黄肇雄；在信谊营销推广及商家医院医生患者中以善于沟通，巧建平台，大展才智的东吴大学毕业的——王大和……这些时代精英在信谊旗下汇集，在信谊核心团队带领下为民族药业各施其才、不遗余力地付出自己的青春才华，使信谊在短短几年，经过积蓄及调整，就以一系列新品、一系列营销举措、一系列西化管理的崭新的药界之王的新姿，在医药界大展雄风。

当时药界同行对信谊的领先在刮目相看的同时，纷纷感叹：这么多人中之精英、药界之能人聚集信谊，共同奋力，信谊不发，更待何时？当时的信谊的确藏龙卧虎、志气奋发，行业精英的加入为信谊的发展注入了加速剂。在20世纪40年代中期，信谊能成为行业领袖，人才汇集是最重要的源动力。

解放之后，信谊设立了专业技校，专门培养医药行业的技术工人，同时向社会公开招聘人才。技校学生毕业后留用或供给行业内其他药厂使用。当时信谊技校培养的学生动手能力非常强，技校的教材和考核标准是全国医药行业技能培养和考试的范本。

对人才的渴望和对培养“为我所用”的人才的焦虑在企业中普遍存在，但是怎样把这变成一种恒久的文化基因，始终去遵守和执行确实是一个难题。很多企业习惯于“头痛医头，脚痛医脚”，习惯于拿来主义，仅仅把人当做一种资源，一样工具。而没有从建立一种牢固的文化的角度上去形成一个吸引人才的磁场，那么这样的企业走不远，也永远会在人才匮乏的漩涡中挣扎。

对人的尊重，对人才的尊重，对人才环境的不懈打造，真正是世世代代做到“以人为本”，而不仅仅是用“科学”测量、“绩效”考核等硬制度来管理，就不会有当年美国面对日本崛起时的困惑，忽略人是情感动物，忽略人的本质，最终就会受到惩罚。

信谊从创业初期开始就重视人才工作，从任用最优秀的学生、后备人才的教育与培训、鼓励学历进修与自主科研、注重专业能力与综合能力的全面培养等等，这一切都为信谊的可持续发展积蓄了充足的人才储备。

信
SINE
誼
SINE LABORATORY CO. LTD.

06

产业技术升级中的创新求变

2012年4月，全球最大的胶卷厂商，美国伊士曼柯达公司正式宣布破产，曾经“串起生活每一刻”的柯达，如今却按下了破产的快门，黯然出局。2012年9月，创立于1912年泊头火柴宣布破产。泊头火柴曾是民族工业对抗“洋火儿”的一面旗帜，在上世纪末也经历改制、兼并扩张，但几度挣扎终究回天无力。再细数国人熟知的那些国货老品牌，在历经沧桑后，绝大部分像流星一样陨落了，它们或被国外品牌打败，或被外资收购后束之高阁。我们在无限感慨，一声叹息的时候，要思考的是，为什么他们会走到穷途末路?

企业衰败的理由无外乎两个：一是企业肌体里潜伏的致命性疾病突然发作，二是无法适应外部环境的急速变化，但归根结底还是企业自身的问题，因为自身的抵抗与适应能力是应对日趋复杂经济环境的关键。(李志起，2012）。

衰败企业的共性是坚持旧的商业模式，拒绝变化，失去创新的源动力，这同时也是它们消亡的主要原因。百年企业欧莱雅的原总裁盖保罗说：“创新、团队、重视消费者和社会责任，是企业基业常青的关键。”阿里·德赫斯是壳牌公司的领导层成员之一，1997年他写了一本书叫《长寿公司》，在书中写道，“只有几家非常成功的公司能够接受快速变化的世界信号穿透公司内部的免疫系统，能让公司内部比较僵化的体制接受外部快速发展的变化。”

无论哪个时代，对老品牌来说，不创新就死亡的规律永远奏效。信谊的创新求变是从创业源头上就保留下来的优秀基因，信谊历史上存在的诸多第一，信谊在工艺、产品研发上创新，不断刷新国内记录，填补国家空白。

回溯到民国时期的上海，继信谊的长命牌维他赐保命之后，有各种品牌的赐保命纷纷上市，如大孚赐保命、安度赐保命、贺尔赐保命等等。而信谊的维他赐保命，在1930年大张旗鼓广而告之之前，因原料制作独到，疗效显著，招来了不少回头客，销量日日见长，催生了大规模产业化的结果。

信谊不仅拥有发家产品维他赐保命，而且自开业以来，一直注重创新开发化学药物，在1934年的《医药导报》上，就刊登了信谊良药一览表，此表可以了解信谊拥有众多产品的大概状况十分惊人：一是90多个品种中大部分是化学类药物，二是剂型多样，包括注射液、眼药水、片剂、液剂、膏剂、油剂、粉剂等。其中不乏生产难度较大的注射剂产品，占有70个之多。

1960年，信谊在国内首创针剂灌装“一条龙”，将工人从手工包装生产中解放出来，形成了机械化生产的局面，生产力得到有效的提高，适应了社会医疗对药品的需

◎ 美丽端庄的“灌封小姐”

求。之后全国兄弟厂家纷纷前来本厂学习，在全国医药行业中得到推广应用，信谊在制剂生产设备的创新改造，成为全国的排头兵。由此在人均劳动生产率方面，也始终在全行业名列前茅。计划经济时代的信谊药厂也是医药行业当然的骨干企业。

1963年，信谊在国内最先推出预防小儿麻痹的活菌疫苗糖丸。1967年至1970年，信谊分别试制成功填补国家空白的二相气雾剂和纸式剂型。1973年，信谊首先在国内试制成功长效口服避孕片。1974年，信谊率先在国内试制成功“一步法”制粒工艺，此后，能灵活满足使不同产品对不同颗粒技术参数的要求，并且连续三、四年开设“一步制粒培训班”，把这项新技术，在全国制药行业推广，提升了信谊在行业中的声誉。上世纪80年代中期，信谊试制成功旋转式拉丝灌封及缓释制剂、高效包衣工艺。针剂灌封生产机械化后，信谊首先开始研发攻关，攻克消化先进国家的拉丝旋转灌封技术。这一新技术，后通过制药机械企业系统进行全国推广。

1989年，信谊最早开发出三相气雾剂，填补了国家的空白。引进进口设备，气雾剂达到了先进国家水平。在全国其他药厂二相气雾剂逐步上马之时，信谊已经有新技术的三相气雾剂问世，再次领先全国一步。

1994年，信谊耗时多年，自主研发国家一类生物制剂培菲康，被国内消化道权威认定为中国人的三个原研药品之一，获得美国、加拿大等6国专利，并先后荣获1992年、1993年上海市科技进步一二三等奖。

至于营销方面，亦有个创新求变的过程。

鲍国昌时代的营销意识之强，有目共睹。他非常重视广告和营销人员的作用，提出营业额的5%以上作为广告费用。并用重金和优厚的佣金，聘请熟谙西药推销业务、熟悉沪上各大西药房的原集成药房副经理潘瑞堂及王大和等人先后任营业部经理；录用中法药专等大学毕业生为营业部代表向药房、医院、诊所推销药品。这些营业代表在每天外出前集合一次，交换推销情况、提供产销信息；又规定每周一个半天，聘请医药界专家给代表们讲解药学知识以及新药治疗范围和使用时应注意的问题等。由于代表们具有丰富的药物知识，因此颇受药房和医生的欢迎，处方中也乐于采用信谊的药品。这样的营销模式，可以说是现代医药企业终端营销的鼻祖了。信谊编印《新药介绍》、《医药指针》、《卫生小常识》等广告宣传品，大量向社会各界赠阅。鲍国昌还将广告部设在自己办公室的旁边，每逢新药问世前，总要与广告部反复研究如何命名，务必使药名顺口易记，又能对药效一目了然。

信谊的执掌者多数为接受过西方教育的人士，在企业运营发展中，采用了当时盛行的西方科学管理思想及其先进的做法。比如将泰勒的计件制，贯穿在信谊的车间生产绩效中。考勤有钟卡，绩效有模型，不仅如此，还有自己的创造，例如，给予男职员成家津贴、生子津贴，每个职工每月一斗米份待遇等。

回看民国时期信谊在销售方面有何秘诀，且听当年的老职员如是说——

首先值得探究的是销售机构。民国时期，信谊药厂营销部门是三个——营业部、宣传部、广告部。营业部主管上海市的药房，以及小量外地客户汇款邮购业务；宣传部负责对医院和医生的访问并承接订单要货；广告部负责产品广告和宣传。

再看推销对象。宣传部的营业代表负责访问医院和医生，提供医生广告品。如医生开处方的纸张一般是道林纸，钢笔字的墨水常常留在纸上，不能吸收，很容易被抹掉，或碰擦得模糊不清，信谊将印有信谊广告的吸墨水纸赠送医生。还有装橡皮胶的铝盒，便于将橡皮胶从盒内拉出使用。有专门制造小包装的药品赠送医生，便于医生推荐给病家试用。其他还有免费赠送小册子，如介绍信谊产品小册子；学生临摹帖小册子，临摹的是信谊的产品名称。

至于销售渠道方面，民国时期城市药品销售的渠道主要是大药房，医生开出处方，病家到药房配买药品。上世纪40年代，信谊在上海的销售渠道是华美、万国、济华堂三家药房，这三家药房的特点是资金雄厚、覆盖面广，销售能力强，药品销售快，资金周转快。

信谊除抓住上海市内这些较大规模的药房、洋行，作为渠道，把信谊药品源源不断输送至药房所能覆盖的范围外，同时立足于自有客户网络的建设，那就是在外省市和东南亚选点设立办事处。各办事处从上海派出主任及营业代表，然后聘请当地人员共事，共同销售药品。

1936年始，信谊每年在全国和东南亚选点，逐一设立办事处。

1936年在天津、香港成立办事处；

1937年年终，成立北平、澳门、汉口办事处；

1938年12月，成立南京办事处；

1939年12月，成立新加坡办事处；

1940年底，设立青岛、济南、烟台办事处；

1941年，设立苏州办事处；

1944年设立西安、重庆、杭州、台北、厦门、广州、沈阳等办事处。

1946年，对各地办事处进行账目、管理、人员、存货清理等方面整顿。

以上共18个办事处。

1949年以前，信谊还有比较严格的绩效体系及铺保

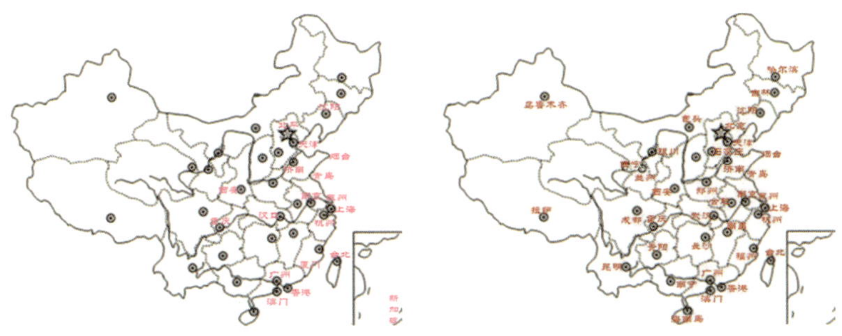

◎ 民国销售地图　　◎ 上世纪90年代销售图

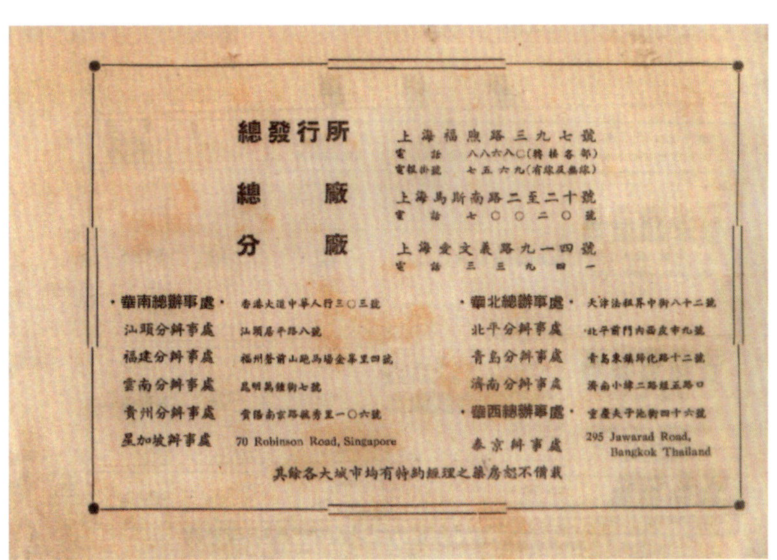

總發行所　上海福煦路三九七號
電話　八八六八〇（轉接各部）
電報掛號　七五六九（有線及無線）

總廠　上海馬斯南路二至二十號
電話　七〇〇二〇號

分廠　上海愛文義路九一四號
電話　三三九四一

·華南總辦事處· 香港大道中華人行三〇三號	·華北總辦事處· 天津法租界中街八十二號
汕頭分辦事處 汕頭居平路八號	北平分辦事處 北平前門內西皮市九號
福建分辦事處 福州倉前山跑馬場金華里四號	青島分辦事處 青島東鎮歸化路十二號
雲南分辦事處 昆明萬鍾街七號	濟南分辦事處 濟南小緯二路經五路口
貴州分辦事處 貴陽南京路毓秀里一〇六號	·華西總辦事處· 重慶夫子池街四十六號
星加坡辦事處 70 Robinson Road, Singapore	泰京辦事處 295 Jawarad Road, Bangkok Thailand

其餘各大城市均有特約經理之藥房恕不備載

◎ 民国信谊部分全国办事处列表

制度。

在信谊老档案的案卷里面，其中有几页薄薄的纸，端正而秀丽的字体，严谨规范的表格，一系列的数字，对应着当时的岗位，表格首页写着《薪金等级表》，这是当年信谊药厂对全厂各个岗位的薪资考核考评方案。

职员薪金由五档构成，分别为每月基础薪金、房贴、生活津贴、特别津贴、额外津贴。工人收入则分为四档，分别为基础薪津、房贴、生活津贴、特别津贴。职员薪金的五档分别为甲、乙、丙、丁、戊五大级，每一大级又分为八至十二个不等的小级，在连接每一大级之间，上一级又分别为下一级的首级。在整个考评方案中，在表格的右侧又分别写明了与薪金相对应的职员岗位，分别为研究员、副研究员、药剂师、助理药剂师、技术员、事务员、研究生、药剂生、练习生等九个岗位所相对应的薪金级别。而工人又分设为技术工人、助理技术工人、组长、普通工人、学徒、起重工、试用工等八个岗位所对应的薪金级别。其中职员甲等的薪资即部长和主任，由总经理另行核定，从乙等开始，每一大级的级差，分别为400元至100元不等，而每一小级的级差为50元至10元不等；工人的薪资则分为甲乙丙三大级，每一大级又分为八至十级不等，每一大级的级差分别为200元至100元不等，每一小级级差又为25元至10元不等。

部长会议记录显示，当时信谊的薪资考评方案中，职员们的特别津贴和额外津贴，在薪金达到一定级数后将是固定的，金额为100元至1200元不等，特别津贴为550元至1150元不等（此处提及之钱币为民国国币）。

每月部门主管为职员本月的表现打分，凡是参加夜校学习、考试得高分、出满勤、遵纪守规、工作出色等都在考评加分之列；而违规、迟到缺勤、工作懈怠等均为扣分依据。工人的考评特别津贴级差为75元至500元不等，对表现优秀的工人，一旦考出学历，并且工作勤奋努力，部门主管可以根据表现，在给其多次加分之后，提名报行政部门，给予提升晋级的提名申请，由行政部进行核实之后报总经理室审核，审核必须经部长会议讨论，讨论通过后，

◎ 信谊化学制药厂南京办事处旧影

信誼化學製
BRANCH

则由总经理亲自签名颁发晋级通告，晋级通知一旦公布，就意味着该员工当月的薪资就将予以提升。

翻阅着老档案中留存的盖着总经理印章的信谊员工晋级提薪、调岗换岗的公告及发文留存的批文及考评表，可以看出，当时的员工们自进信谊之日起对企业作出的实际工作表现及个人努力的业绩，均已纳入了薪资晋级考核的全方位的考评之中，包括当时每年13个月的薪金，均有详实的记录。

从中不难体会到，老信谊的管理者们，在招募优秀人才的同时，始终营造着一种勤奋、求知、向上的工作氛围，努力培养一支有着信谊企业文化、经营理念、道德品性的人才队伍。严谨的考核考评方案，详实细致坚持深化的执行力度，让每一位信谊人在为企业辛勤付出的同时，实现着投身民族制药事业的个人价值。除绩效考评外，信谊的“铺保”机制也是颇具时代特色的。

“当时信谊药厂的中高级职员非大学三甲不入，都挑选学校里出类拔萃的。我们的收入是很高的，厂里的福

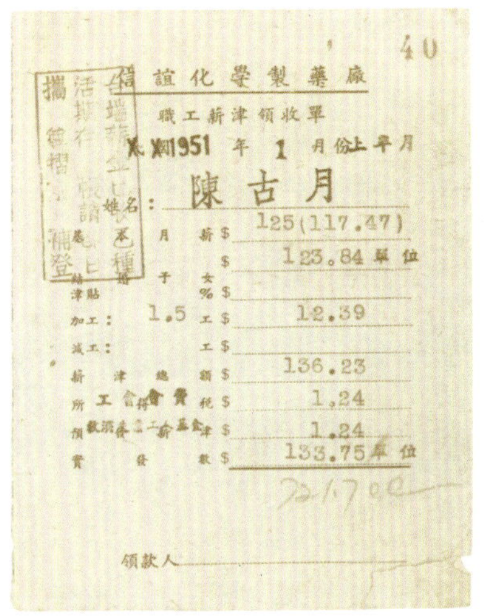

40

信誼化學製藥廠

職工薪津領收單

1951 年 1 月份上半月

姓名：陳古月

月薪 $ 125(117.47)

$ 123.84 單位

津貼 %$

加工：1.5 工 $ 12.39

減工： 工 $

薪津總額 $ 136.23

所 工會會費 稅 $ 1.24

$ 1.24

實發數 $ 133.75 單位

領款人

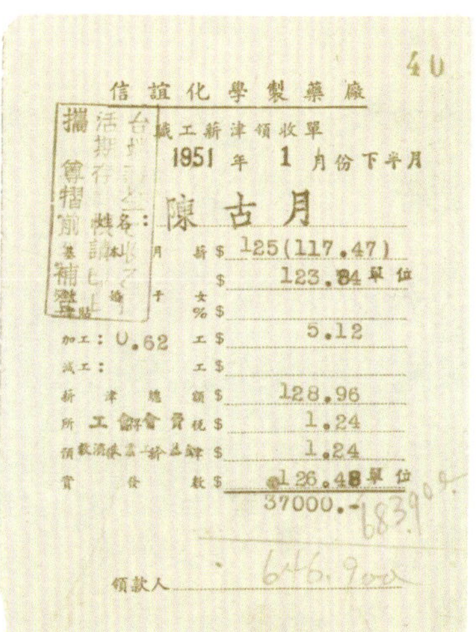

40

信誼化學製藥廠

職工薪津領收單

1951 年 1 月份下半月

姓名：陳古月

月薪 $ 125(117.47)

$ 123.84 單位

%$

加工：0.62 工 $ 5.12

減工： 工 $

薪津總額 $ 128.96

所 工會會費 稅 $ 1.24

$ 1.24

實發數 $ 126.48 單位

37000.-

領款人

◎ 老信谊员工珍藏多年的工资单

利也很好。信谊药厂的工人素质都很高，进厂都要考英语的，一般的人是不招收的，得有保人，没有保人的也要铺保。”——94岁的原信谊营业部职员夏定敏说。

信谊招募新人整个程序采取了“铺保”机制，这也是信谊的诚信管理的直接体现。其目的旨在使信谊招聘的新人们不仅在应聘时就对企业有一个诚心的承诺，而且在进入公司后，信谊的员工也能在日常的工作及言行举止上约束自己，不做违背企业管理制度之事，以确保企业在全体员工真诚承诺的基础上，使企业的对外形象及对客户的承诺有切实的保证。

上世纪三四十年代药界的人，都以进入信谊药厂为荣，虽然进入信谊需要“铺保”，但是信谊给予的优厚待遇，知名高质量产品的美誉，让当时信谊的员工们都十分珍惜这来之不易的工作岗位。信谊员工明白：进入信谊之后，只有努力工作，才能使“铺保”的承诺行之有效，承诺失效不仅对不起为本人作“铺保”的人，而且一旦品性不佳，自己的个人信誉也就荡然无存，这环环相扣保证，从每一位员工个体的诚信做起，真可谓是一招行之有效的诚信管理高招，而且在此管理制度实施之后的十几年里，信谊员工们无一人因违规而连带保人交企业违约保金的。诚信，守约，对企业尽心尽责，在信谊已成了员工们约定俗成的自觉行动。

1949年以后，格局改变，特别是销售方面格局有了重大改变，信谊也为之主动适应。

1954年公私合营以来，信谊的销售，经历了三个阶段。上世纪50年代处于计划经济由政府主渠道收购药品，企业内不设销售科，这是计划经济阶段。1979年11月，信谊恢复销售机构，开始自己出售药品，不坐等政府主渠道计划收购。自主销售药品的比例亦逐年增加，销售的触角延伸到外省市。信谊按其民国时的营销模式，逐步在北京、南京、苏州、郑州等外省市设立办事处，共设6个办事处，这是第二阶段。1992年，引进外资，建立信谊药业合资公司，则又进了一个新阶段，政府收购药品的机构成为普通的客户之一，并成立外经科，出口业务逐年增加。信谊自己出售药品的比例达到了100%。

上世纪80年代，改革开放初期，信谊请回民国时期的老职员回到信谊销售部门工作。他们毕业于旧时的交大、东沪、圣约翰等大学，对当年信谊引进西方经营理念的运转模式，做了清晰的回忆。很多做法由他们传带，沿用至今。1979年，信谊恢复自主销售机构，仿学民国时期信谊的做法，开始了与市场降价模式相配套的营销实践，率先迈开了工厂自销的第一步，冲破了主渠道统购统销的模式，成为行业工厂自销的第一户。

由此，我们看到尽管信谊在计划经济体制中沉睡了很久，但还是最早嗅到了商机，陆兰娣、王志芳等后起之秀作为第一批销售人员的班底，后又逐步发展成市内销售和市外销售两大阵营。当时信谊的17名上海市内销售女士，在行业内形成佳话独枝一秀。

1997年，信谊撤销原销售机构，在行业内首先成立专业的“市场部、销售部、外贸部”，并成立了第一家专门做一个产品的销售公司——培菲康公司，由总经理直接领导。

2000年，信谊成立信谊天一药业有限公司作为独立法人运作的销售公司，专司信谊以及信谊以外的药品在上海市的批发和直供医院。2001年，信谊与闸北药材公司合作，建立信谊联合医药药材有限公司，面向全国进行药品批发业务。2001年11月，信谊邀请全球顶尖营销顾问公

◎ 夏定敏，复旦大学毕业，1950年任信谊办公室主任。90多岁的他于2012年和2013年多次接受本书采编组采访。图为夏定敏年轻时的照片。

司——科特勒营销集团总裁米尔顿·科特勒访问交流，至此，信谊在营销上的布局和思考已经超越了行业内的其他公司，发展的势头已经越来越迅猛。经过20年的运作磨合，信谊的营销没有享用即成模式，而是创建真正独立走进市场的法人公司。按不同功能建立了三个法人营销公

◎ 1979年11月，信谊率先恢复自主销售机构。图为上世纪90年代意气风发的销售女将。

司，除天一和联合之外，又成立了一个终端营销公司，经过多年的培育，该公司已经形成了遍布全国地位比较重要的大中城市、渗透至用药终端的1000人左右的营销队伍。这是信谊在民国之后60余年，再次形成分布全国的销售网络。

◎ 右图：信谊早在上世纪30年代就提出了“素颜美”的概念，提倡由内而外调养身体，健康的女性最美丽。其产品维他赐保命深得女性青睐。

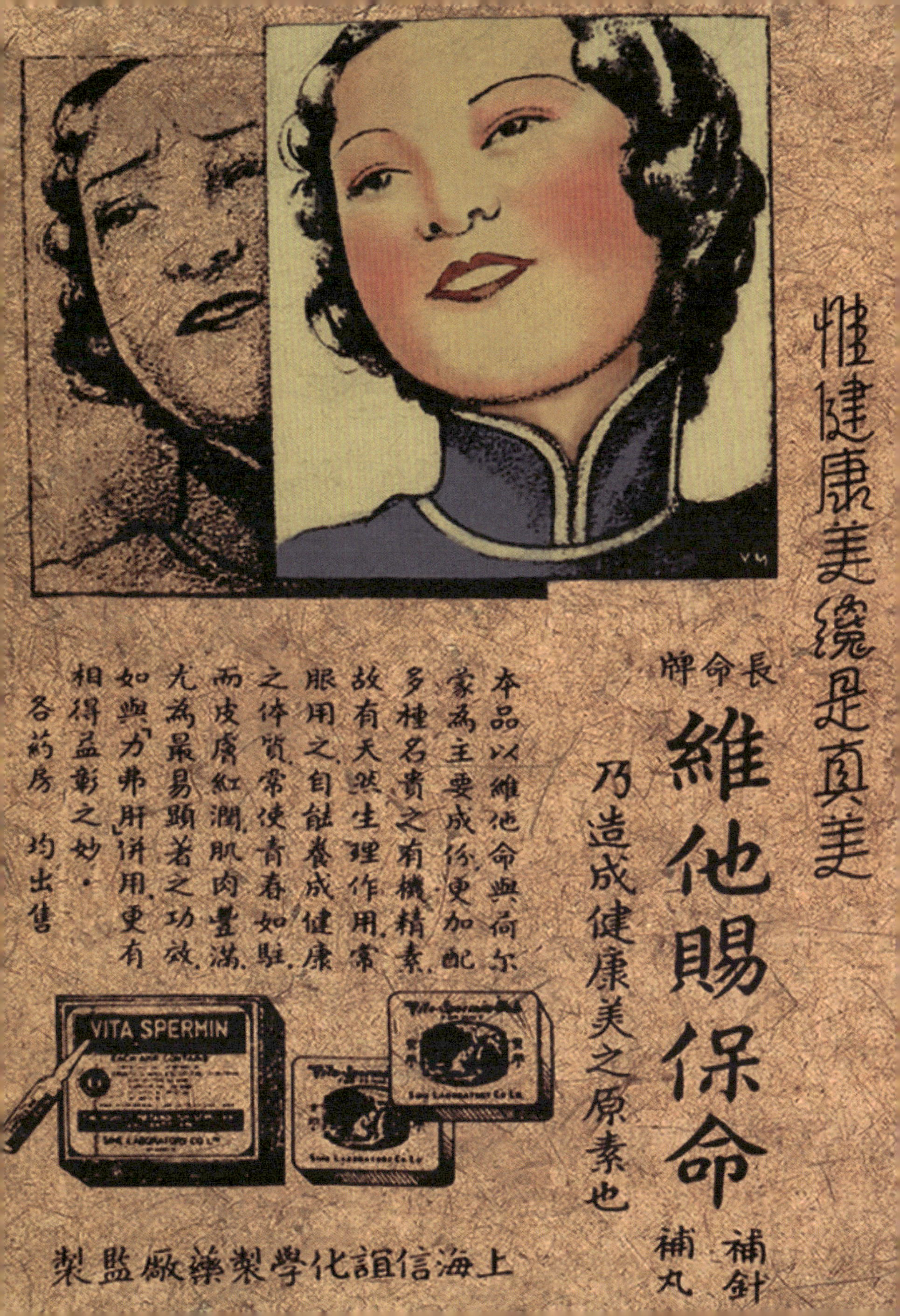

惟健康美纔是真美

長命牌

維他賜保命

補針 補丸

乃造成健康美之原素也

本品以維他命與荷尔蒙為主要成份、更加配多種名貴之有機精素、故有天然生理作用、常服用之、自能養成健康之体質、常使青春如駐、而皮膚紅潤、肌肉豐滿、尤為最易顯著之功效、如與「力弗肝」併用、更有相得益彰之妙·

各葯房 均出售

上海信誼化學製藥廠監製

有限公司股票
NO 21315
董事
朱吟江
董事
鲍國昌
中華民國三十七年五月一日

信誼化學製藥
NO 21315
資本總額 國幣壹佰億元
股份總額 拾億股
每股金額 國幣拾元一次繳足
股份壹百萬股

07

借助各方力量壮大企业

信谊能从一个小药房，发展成一个百年民族企业，与其本身具有前瞻性的眼光有着巨大的关系。在多个关键时刻，信谊的当家人都能紧跟时代的潮流，与多方合作，将企业带上更高的发展道路。

上世纪80年代末90年代初，信谊曾遇到过一次大危

◎ 右图：这是1946年，《文汇报》双十节增刊头版报头广告，大力宣传10种信谊良药。通过媒介向社会传达了谊通天下的经营理念。文中细述：7个生产基地详貌，及正将继续扩展的3个企业用房情况，即崇明路82号，江西北路55号和杨树浦路国南路。并计划为新厂房购置新的制药设备。希望得到公众的支持。

本廠創立迄今，已逾廿稔，在國內以規模宏大，設備完善，稱譽於時，延攬專門人才，潛心研究，每一出品，莫不經過嚴密檢查，動物及臨床實驗，方始發行，成份絕對適合標準，可奪舶來品之前席，以是信仰日衆，需要激增，抗戰軍興，中央信託局會爲軍醫署，向本廠訂購大量藥品及原料，內運供給軍用，有利於國，悉力以赴。今抗戰勝利，河山光復，邦家之榮，本廠亦與有榮焉。近更接受軍政部軍醫署委託定製大批藥品，服務使命，益感重要，故決定積極調整內部，添置廠房，擴大生產，俾能適應各界之需要，保障民生之疾苦，以副社會瞻望。本廠自創辦以來，因業務之發展，陸續擴充製造場所如下：一，思南路廿號。二，中正中路三九七號。三，陸家路一二〇號。四，北京西路九一四號。五，普陀路一二二號。六，其美路。七，林森中路六七〇號。以上七處，合計所佔面積，約佔四十五萬五千四百方呎，但仍感不敷應用，復購得下列廠房三處，擬將最新式機器，充份裝配，俾成最合科學化之新型製藥工場。一，江西北路崇明路八一二號，房屋面積十五萬平方呎，全部鋼骨水泥，五層樓新式建築。二，滬南路近楊樹浦路房屋，面積七萬四千平方呎，全部鋼骨水泥，四層樓新式建築，房間寬大，環境幽靜，空氣新鮮，最合設立研究所。三，江西北路天潼路口。全部鋼骨水泥，五層樓新式建築。除上述已完成之建築外，在江灣近虬江碼頭，尚有空地兩百餘畝，足敷設立大規模之化學原料工廠。

查化學工業與機械設備，幾無分離之可能，有優良之設備，然後有優良之出品，此固本廠信守不渝之宗旨，尤以醫藥用品，攸關生命，毫釐之差，所失奚止千里，不能不慎之又慎。並於產量之增加，更非藉機械不爲功。本廠現有機械設備，雖冠全國，但並不以此自滿，深覺新式機械化之重要，業向美國機器廠訂購最新型各種製造機，規模偉大，配備精密，對於出品之速度與完美，可與盟邦美國最新式藥廠，並駕齊驅，一俟運裝到滬，當能一新耳目。

本廠鑒於外來原料之不可久恃，國際情勢，時有變更，自給自足之計劃，殊屬刻不容緩，積多年之研究，對於主要化學藥品，均有製造經驗，全部設備裝妥後，以本原料，可能設法解決。如政府能賜以助力，社會能寄以同情，不難於三數年內，達到預定目的，懇請各界賢達，對此萌芽初放之民生工業，有以扶掖而進教之幸甚！

維他新

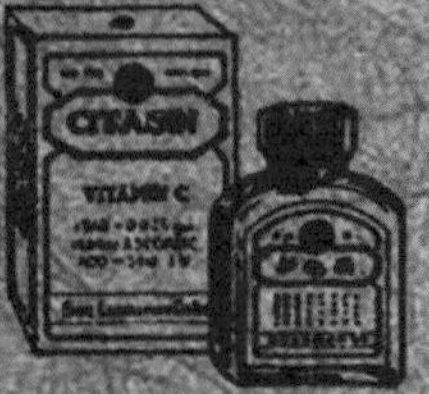
西他新

足可淨

一天霖

新惜花散

維他賜保命

好力生

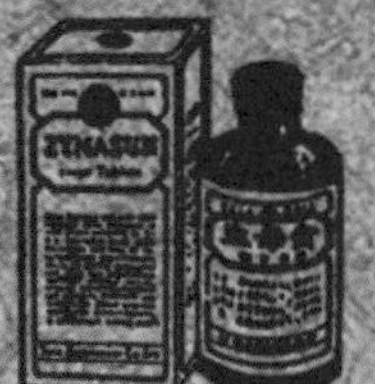
食母生

清治龍

聖露賜錄新

信誼化學製藥廠發行

机。当时中国的医药行业和其他行业一样处于管理行政化的状态，按国家要求，信谊也实行经济承包制，每年必须上缴固定利润。因信谊的盈利基础一直较其他企业突出，因此，信谊的利润上缴额度也一直是行业第一，企业负担很重。此时的信谊已今非昔比，连年的利润抽取使企业灯枯油尽，用于生产的机器设备从公私合营以来，就没有更新换代，且已经到了难以为继、随时发生故障的境地。而国家的利润指标必须完成，完成指标意味着必须继续超负荷运转，而且很难有多余的资金来改变危险的现状。短期看，如果发生质量安全事故后果则不堪设想，长期看，企业也没有持续发展的动力和能力了。从社会责任的角度看，当时的退休工人工资还是企业发放，再这么下去，眼见着信谊那么多退休工人的保障都难以做到了。

时任的信谊领导班子认识到必须要想办法给企业注入资金，进行机器设备的改造更新。更严峻的是，国家要求医药制造企业进行新一轮的GMP认证，这也就意味着需要投入大量资金和人力物力。GMP认证就像一个分水岭，拿

◎ 刊登于《医药导报》1938年9月30日第三版的维他赐保命广告。借耳熟能详的武松打虎桥段，传达产品功效。

不出这个资金和力量，企业自动退出市场，因为连准入的可能都没有了。如果资金不足，盲目进行改造，那么无法通过GMP认证的企业面临的依然是淘汰出局，还会赔上大量的人力、物力的投入。从本质上说，GMP认证是对公众利益的维护，是对落后产能的淘汰，是药品生产质量、安全水平的提升和保障，本身是件好事，但是，正如时任信谊药厂生产副厂长的张月华说的那样："那时候我们的感觉就像一个人已经被榨干了，没有油水了，还要去做重体力活，负重前进，实在是很累，很冒险。"

如何走出困境，是上级政府机关和企业共同的难题。在各个企业纷纷寻求出路之时，信谊大胆创新，转变思想，首先走出了引进外资之路，建立合资企业，使老厂获新生，并探讨建立了母体与合资子公司的运作模式。之后业内也陆续有药厂采用引进外资，走出困境的方式。

1992年，合资建立上海信谊药业有限公司，没有经历建设厂房的空白期，自成立之日起，就产生了利润，这是信谊在合资进程中的大胆创新和实践。信谊这一次通过合资顺利度过危机，是创新思路，敢为人先走新路的再一次生动演绎。在市场经济的环境下，唯一不变的规律是变化。如果一个企业不能敏感地改变自己而顺应形势，往往会走向失败。通过GMP认证，意味着信谊又一次在行业标准竞争中取得了胜利。

我国自1988年第一次颁布药品GMP至今已近30年，期间经历了两次修订，第一次就是1992年。GMP是“优良制造标准”的意思，是一种特别注重在生产过程中产品质量与卫生安全的自主性管理制度，也是一套适用于制药、食品等行业的强制性标准，作为药品生产和质量管理的基本准则，适用于药品制剂生产的全过程和原料药生产中影响成品质量的关键工序。据不完全统计，实施1988年版的GMP规范中，截至2005年3月，全国有1112家医药企业死于这一道门槛外，全国3959家生产企业通过，但也为此付出了1500亿的门槛费，可谓昂贵（摘自《医学百科》）。信谊若因没有资金进行改造或改造不彻底，很有可能与1112家企业同一命运。

在改革开放后，信谊能抓住机遇主动合资，开拓新路，亦是因为其拥有的历史底蕴。信谊在各个时期都注重开拓合作渠道，努力实现共赢的局面。

比如与医院的合作发展，信谊很早就起步了。

医与药，在业务和技术上是紧密关联的。从医从药者，如能互为支持，更是一桩利国利民的佳话，信谊一直努力促进医疗和制药两项关乎民生事业携手共进。

信谊注重与医界合作，以医为友，在民国的广告中可见一斑。医界创办《医药导报》、《国药导报》杂志，《申报》开辟的《医药周刊》，《社会日报》中设立的《医疗世家》等，信谊都予以合作或支持。

当年沪上知名媒体《申报》开辟的《医药周刊》第一期到最后一期共238期，信谊投入广告237期。在100期之后信谊的广告扩大到四分之一的较大版面。作为信谊追随20年的媒体，《申报》与信谊始终在一起。从1930年9月与《申报》合作，一直到1952年《申报》停刊，信谊基本没有停止过在《申报》这个平台上，与公众保持联系。

(1)

维他赐保命歌（用自由神之歌原谱）

沈瑛作歌

◎ 刊登于1933年创刊的《医药导报》第二期，处方医生沈瑛为信谊药品维他赐保命谱曲，称赞信谊良药的品质疗效。

在1932年“一二·八”战事和1937年“八·一三”抗战时，信谊与《申报》共同担纲民族的患难，配合《申报》的战事报道和政治气氛的需求，腾出版面，减少广告，亦传为美谈。1938年1月《申报》迁移武汉和香港，离开上海共9个月时间。当1938年10月10日《申报》返回上海复刊时，信谊在只剩20天的10月份中，一下子投放了26次广告，有时一天2个产品广告，以极大的热忱迎接《申报》返回上海。

再看信谊与《医药导报》11年的合作，可谓医药结谊的美谈。信谊全身心地陪伴，医界全情感地投入，一份杂志办得功能显著，乐在其中。信谊有投入，也有回报，最大的回报是得到医界的认可和推荐，与医生成为了健康事业的挚友。医生们写文章，说体验，讲见解，论学术，甚至谈艺术，为信谊产品谱曲写词，这些，都体现了信谊与医疗界的不凡友谊。

信谊的广告宣传，离不开与众多媒体的合作。除了创刊时间较早的报刊以外，一旦有新的报纸创办，信谊第一

信誼藥廠

功侔炎帝

全國醫師聯合會題

這是誰的錯誤。誰的責任。不比舊藥方面。恥辱多多呢。吾所以說。新醫不國化。醫閥不能打破。不能消滅。新藥不自製。藥閥不能打破。不能消滅。

醫師之信誼

西湖醫院楊郁生

古哲云：『人無信不立。』舉凡處事，交際，研究，……均當以信義為準則。『義』與『誼』音近義通；即醫藥一端，亦應從信從義二字着眼，始可有發達和光明之希望！

我主持杭州西湖醫院，嘗規勸同人，服務於醫藥事業，應有三大目標：

（一）為救世的！ 中國現狀，是農村破產，工商蕭條，已極貧困，而公共衛生不講，時疫流行，醫學不普及，瘡痍滿目，真所謂貧病交加，危險萬狀，吾們習醫，既承父老之栽培，師長之指導，社會所供養，應該抱慈善的胸懷，切實去救濟病家，不論貴賤，一視同仁。泰西各邦，都由宗教家贊助，吾們亦應秉儒宗仁

◎ 医师心中的“信和谊”

时间关注投入。《大公报》、《文汇报》、《新民报》晚刊，《大晚报》等都是在创刊不久就赢得了信谊的青睐。从史料上看，信谊产品的广告覆盖几乎涉及了沪上所有活跃的媒体，可谓大手笔。

在《文汇报》经历涤荡之中，信谊始终与其保持良好

的合作关系。1938年1月25日《文汇报》创刊，到1939年5月，汪伪收买英籍发行人，使《文汇报》被迫停刊。停刊前的一年零五个月间信谊投放广告317次。1945年抗战胜利，当年8月21日《文汇报》复刊，信谊立即进入状态，复刊始至1947年5月，投入了183次广告。但1947年5月《文汇报》又遭查封，信谊无奈只得暂歇。1948年9月9日《文汇报》社迁往香港，直到1949年6月21日再复回上海，信谊的广告在文汇返回上海的第一天——1949年6月21日，就登上版面了。至1949年12月，信谊共投放广告91次。可谓文汇停版，信谊收兵，文汇复出，信谊即起，直到今天，文汇信谊仍并肩合作，友谊深厚。

信谊与媒体合作者，相互的信任和友谊，在广告的布陈中，双方都能感受到。这样的合作，怎能不共赢呢！

独木难成林。在与媒体合作的同时，信谊还非常注重与同行合作。信谊的药品经常通过药房经销。常有药房在开幕亮相时，把信谊的药品和信谊的商标刊登在该药房的开幕广告中。华法、新康、长康、大仁、南洋、大集中等

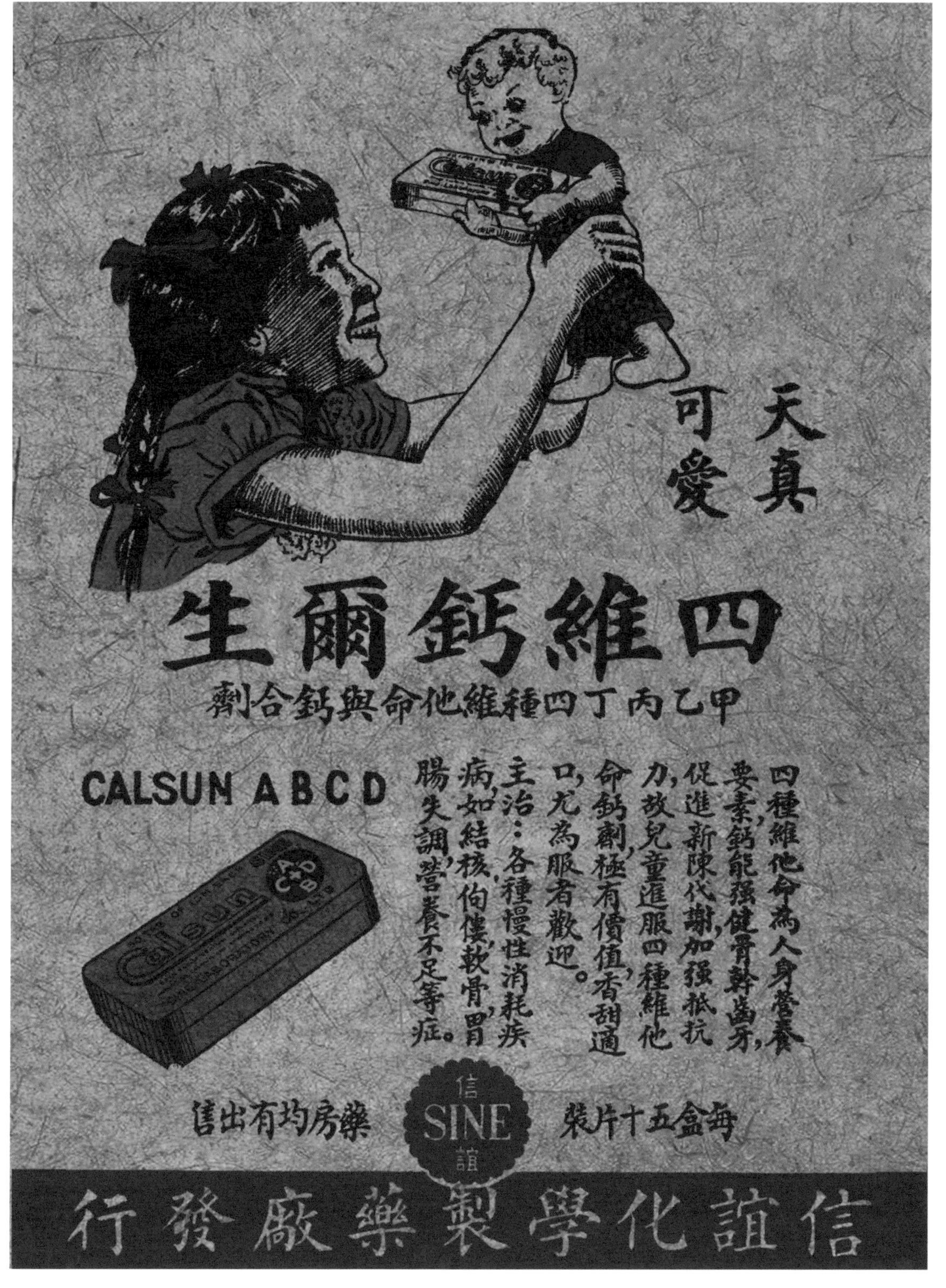

◎ 此广告登载于1946年9月6日《文汇报》上，信谊开发研制儿童营养剂——四维钙尔生等，拓宽用药人群。

药房的开幕纪念，都刊登了放大的信谊商标，并列出重点产品。这是信谊与商家友好合作的有力见证。

信谊尽可能利用不同途径，让人们了解信谊。信谊曾多次从国外购置较先进的制药设备，提高制药质量和产量；也曾将设备搬进展览会，现场操作，并登报告知，请广大民众参观……

◎ 至今家喻户晓的消治龙系列产品，为磺胺类制剂，有“云中之龙，药中之王”之称。是信谊药研所开发的第一个拳头产品。特殊时期，因其价值等同于硬通货，故而远销海内外。

良藥
信
SINE
誼

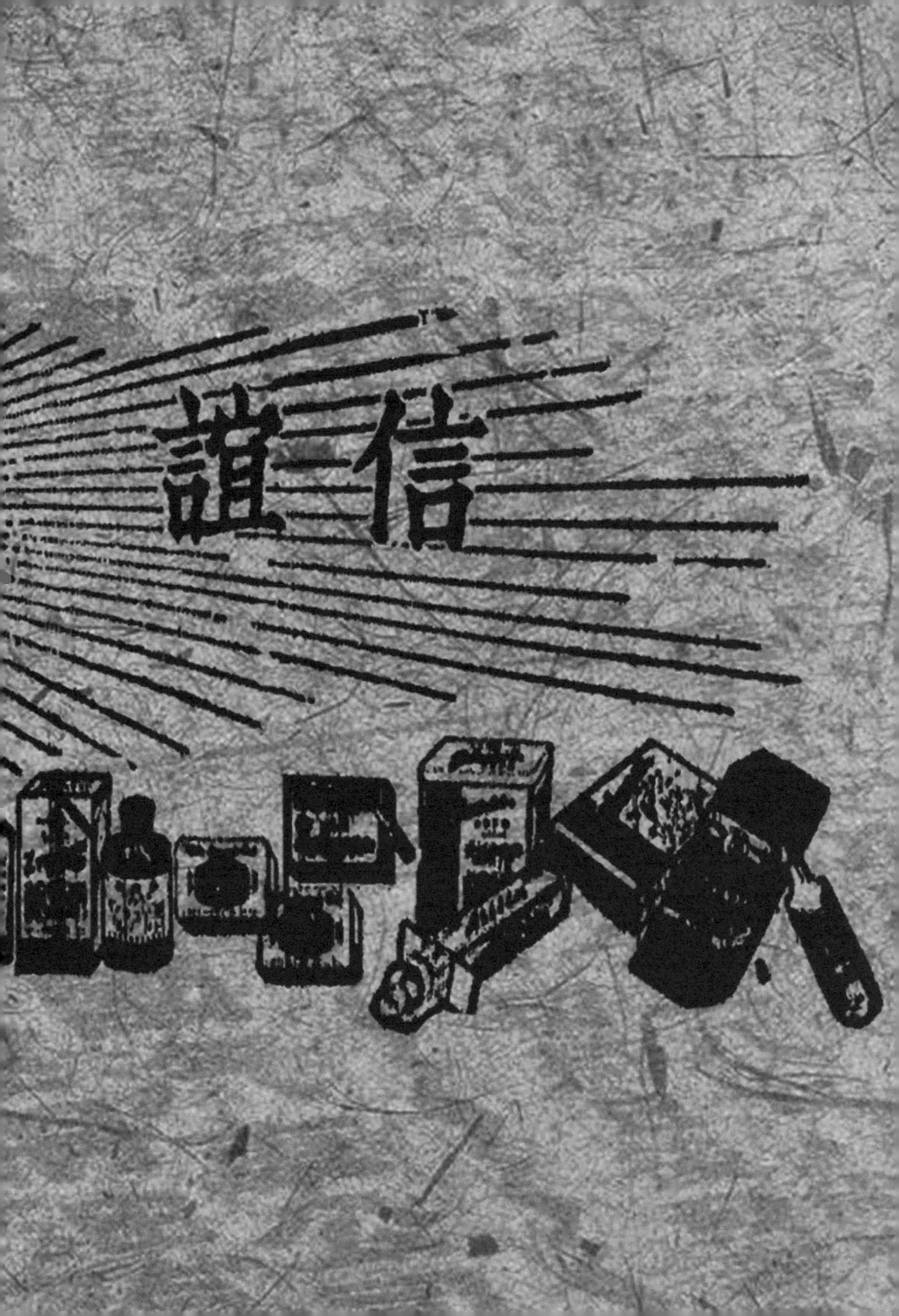
信誼

08

“红太阳商标”的诞生

什么是品牌？按奥美的定义，品牌是一种错综复杂的象征。它是品牌属性、名称、包装、价格、历史、信誉，广告方式的无形总称。品牌是企业文化的外显，产品可以被竞争者模仿，但品牌则是独一无二的，产品极易迅速过时落伍，但成功的品牌价值将长期影响企业命运。

信谊品牌一直与“好药、信誉、友谊”的核心价值观紧密相连，外界对信谊的印象也无外乎这几个字的内涵和外延，信谊的好药品牌是百年精心维护和打造的结果。

品牌的重要载体之一无疑是商标。但品牌不局限于

◎ 注册以及使用的三个长命牌图案

商标，它是消费者心中的地位，头脑中的排序，是一种形象，是品味和文化的浓缩，是时间磨砺出的产物。这里，我们暂且不谈品牌的方方面面，仅从“商标”说起，就是那么不简单。

信谊第一个商标注册于1929年6月。启用“长命牌”，后人猜测，是寓意当时唯一的产品——维他赐保命的功效能让人长寿，强身健体，“长命”二字含义直白，朴素易记。

“长命牌”的图案由三个同心圆组成，英文“SINE LABORATORY SHANGHAI”，和中文名“上海信谊化学制药厂”围成圆形，镶嵌在外侧两个同心圆间隔中；内侧两个同心圆间隔中，写着“LONG LIFE”与点缀的黑点；在图案正中的圆心，是隶书体的“长命”二字，呼应品牌，中西结合。整个商标设计黑白错致，丰满圆润，结构稳重，图案庄严，蕴含了对生命的尊重，对健康长寿的期盼。

此后，“长命牌”便标注在产品包装上。首先标记的对象当然是“维他赐保命”。在作为产品商标的同时，在对外信笺和正式来往的公文上，以及对外发布的产品目录上，都印有长命的同心圆图案。按现代管理理念来看这就是信谊最早的VI系列设计。

20世纪三四十年代，进口化学药品不断进入中国市场。国家和有识之士纷纷提出要拥有自己制造的化学药品，称为“新药”。发展我国自主新药的呼声越来越高。信谊在那时恰巧提出，要开发各类对症病因的化学药物，与舶来品竞争。此后，信谊新药频出，在1939年7月15日创办的《国医导报》中，详细介绍了信谊当时开发的各类新药。

而品种的繁多，对症的多样，对商标提出了更高的要求，因为不是所有的产品都指向保健和长寿了，“长命牌”的内涵已经很难诠释其他产品的功效，都冠以“长命牌”显然已经不合适，连续使用了10年的品牌面临着改变，风险和机遇并存。

信谊做出了增加“信谊”牌注册商标，与“长命牌”并行，直至取而代之的品牌战略。1938年，鲍国昌引进了上海维罗广告公司图画部主任王逸曼，同时成立广告部，邀王就任部长。1939年，“信谊牌”商标开始着手设计，期间有过多种方案和实践。信谊的商标使用经历了几个阶段和过程。同年，第一个信谊牌商标诞生，并于5月16日完成注册，图样就是信谊公司名称的中英文简称，颜色白底黑字，用双引号囊括信谊的英文名——“SINE”。

1939年7月，信谊在《商标公报》上同时公示了三个商标：信谊牌、长命牌、羊头牌。公告大众：长命牌和信谊牌同时是公司的商标。羊头牌则是专用于代理经销其他机构药品的商标。在产品包装、产品手册、平面广告上，同时期都可以看到“长命牌”与“SINE”，两个商标并行的状态，长命牌牢牢固定在几个特定的产品上，不可分离。

◎ 信谊牌商标、长命牌商标、羊头牌商标

这样的情形一直持续到1949年。

鲍国昌曾在撰写的《信谊药厂之回顾与前瞻》的文章中提到，"……国药是否有价值，乃为科学技术问题……本厂对于学术之职责，亦即精神建设之造端也。"基于这种理念，这个时期出现了一个全新的商标形象：蓝黑色彩的飘带分列圆形两边，飘带上是繁体汉字，右侧"信谊"，左侧"药厂"；中心的圆内上半部分是"SINE"，下半部分将天平、显微镜和玻璃烧瓶为代表的化学实验仪器作为图案设计在商标上，以示信谊科学制药的理念，不过，不知何因，此款信谊商标没有投放市

王逸曼（1909—1981）

江苏无锡人，信谊商标主要设计者。上海美术专科毕业，师从画家谢之光、贺天健。早期在上海维罗广告公司任图画部主任，兼职为信谊设计商标和广告。1938年9月被信谊邀聘，任广告部部长。他着力完成信谊商标的设计，策划信谊广告，推广治未病理念，制定信谊VI系统。

◎ 蓝黑色飘带商标，把药物研制的仪器作为图案设计在商标中，以示信谊人科学制药的理念。

"SINE"

"SINE"
誼信

◎ 最初设计的“SINE”系列的商标

场，成为历史悬案。

信谊牌商标图案经历了多种摸索，4年中使用最经常的是“SINE”商标。审视4年以来的所有，可以看到信谊设计者在4年后又回到了设计的原地，回到了初期阶段的设计思路。

现在，让我们回顾一下初期的设计，实际可归纳为一个系列，即“SINE”系列。上图右侧的三幅图明显是一个系列的商标，它们内核一致。两个是白底黑字，另一个，是将SINE内核淹没在红色花瓣中，以留白展现字母，外围花瓣是17个。信谊决定选择这个注册过但未曾使用过的红色花瓣为信谊牌商标。最终，商标外形的花瓣从17个增加到24个，融入了时间、节气和中国传统的概念，寓意一年24节气，一天24小时，时刻为民众健康服务的含义；又包含了信谊提倡的24孝之意。中西文十字交叉，与国际红十字会标布局相仿，以示企业救死扶伤的人道主义精神。1943年7月27日，在《新闻报》的“新惜花散”产品广告上新的商标以黑白色首次公开亮相。1944年6月30日，信谊注册了红色的24花瓣信谊商标。1944年12月，第28版《良药价目表》的封面上首次出现彩色商标，从此，企业的VI系列全部由“24花瓣信谊商标”替代了“长命牌”商标，信谊牌走上正席，长命牌陪伴左右。直至1949年，“长命牌”商标退出历史舞台。在这一年，信谊人为长命牌商标作了最后一次注册，也是那一年信谊到商标局办理商标注册的唯一一个商标。这或许是对“长命牌”20年陪伴的不舍之情或者也是另一种形式的告别吧。

红色24花瓣信谊商标自诞生之日起，出现于各种场景，相见于各类人士；至今被世人赞叹其设计者的奇思妙想和超前思维。如今，信谊商标也已成为现在信谊人身份的标志，“好药”的代表词。在重要的场合、重要活动中，信谊人常常佩戴红底金字的信谊商标徽章为标志，体现一种油然而生的自豪感。很多百姓对这个红太阳一样的商标也充满了感情。

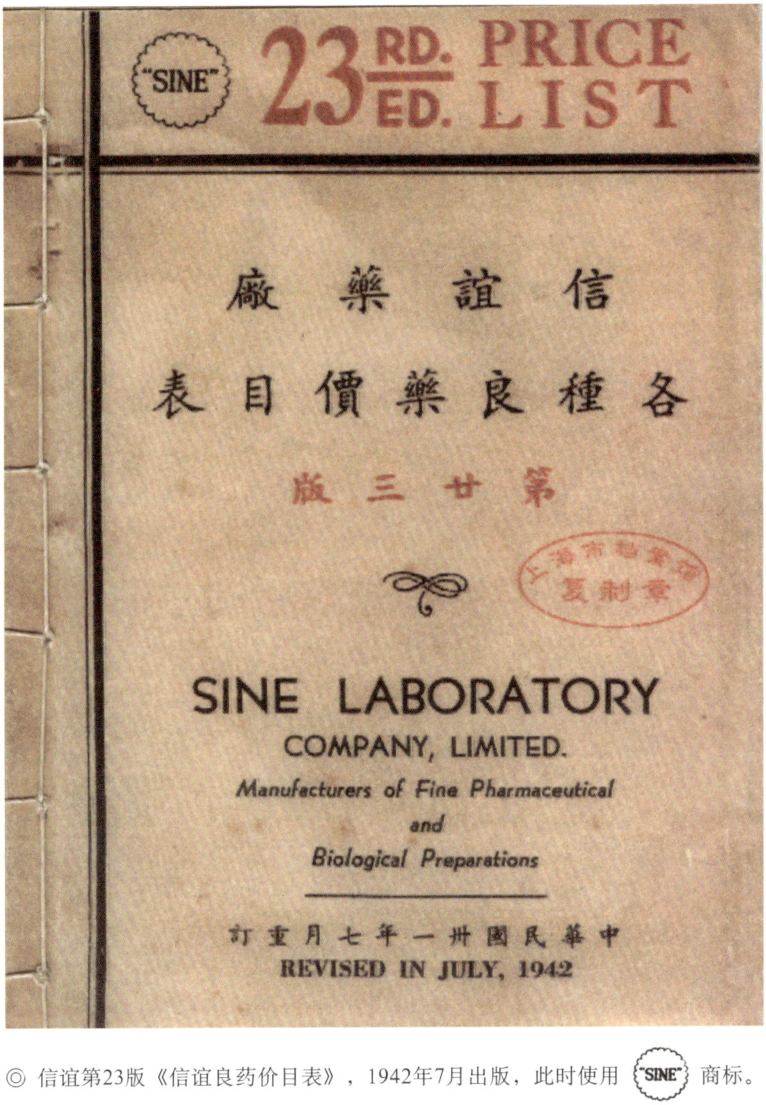

"SINE" 23 RD. ED. PRICE LIST

信誼藥廠

各種良藥價目表

第廿三版

上海市档案馆复制章

SINE LABORATORY
COMPANY, LIMITED.

*Manufacturers of Fine Pharmaceutical
and
Biological Preparations*

中華民國卅一年七月重訂
REVISED IN JULY, 1942

◎ 信谊第23版《信谊良药价目表》，1942年7月出版，此时使用  商标。

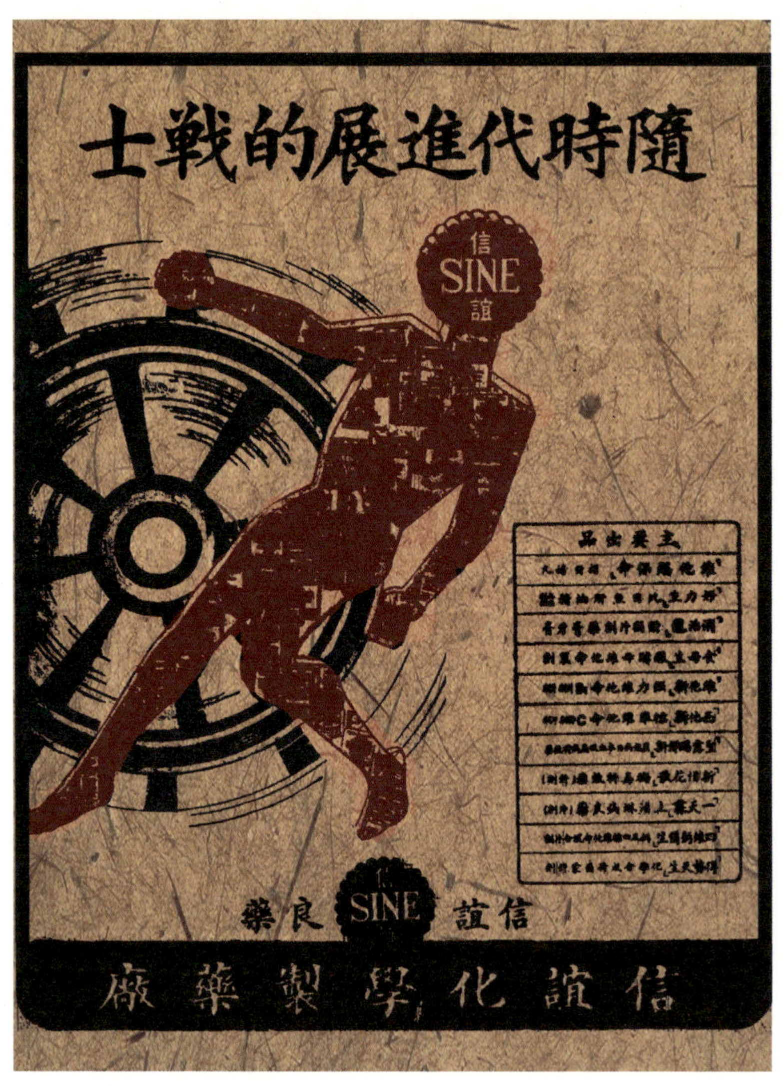

◎ 刊登于《大众夜报》1946年11月27日第二版。广告语：随时代进展的战士。象征信谊的药品也随时代不断进步。

◎ 刊登于《良友》杂志的维他赐保命广告。“绳”即“生命”，用活结的绳子代表生命的活力，寓意：生命源自健康。

09

多种途径打造品牌知名度

民国时期广告业在上海兴起。

讲到广告，各大报刊杂志是各种领域投放广告的重要媒介。当时大小报纸很活跃。相关研究显示，一些报纸的主要内容，第一是新闻，第二便是广告；并且一个时期中，报纸上新闻所占的比例仅30%，而60%以上的版面皆用于广告。广告涉及社会各种需求，如有招工的、房地产的、学习语言的、医治疾病的、出售药品的、文艺演出的等等。而各类广告中，医药广告之多，为各种广告之冠。以民国十一年《申报》上的广告为例，共11

大类的广告，医药广告占34%，独占头筹，第二位的是奢侈品类，仅占17%。

医疗与药品是呵护生命的课题，通过广告借助媒体达到通晓天下，让民众在维护自身健康中作出合理选择，这在市场经济的社会中是无可非议的；充分的广告，也是百姓所需要的。况且强有力的广告攻略，往往是营销成功的关键。

1930年8月12日，国家核准了卫生局管理中外药商广告暂行章程，首次颁布关于医药广告的管理法规。之后历年陆续有修订和制定的相关法规颁布。沿着上述宏观的局势，自高而下，顺看具象。

工商广告，惯有自立业起，便跟随始终。如中西大药房于1888年建立，当年就在《申报》上见到它的广告；九福公司（现已并入信谊），1923年成立，当年《申报》上就见“百龄机”的宣传。又如前清光绪中期建立的一些药房，也广告甚满，五洲“自来血”，科发“十滴水”，中法“艾罗补脑汁”等，都在民国初期，频频上报。他们正是为医药广告占据冠位叠加了一小部分数字。

信谊的诞生，晚于民国初年的这些华商药企。工厂成立初期，除仅在一个小众杂志《新同德》上略有亮相外，信谊连续五六年间没有投放一份广告。而当信谊磨得佩剑，需要亮剑之时，正是政府着力于医药广告打假之时。这似乎有碍于信谊的广告策略的实施。但信谊却理直气壮地直驱广告阵地。并且以渐进的、持续的、多元的方式，最终形成强大攻势，在营销舞台上，信谊“广告”这一角色，奏出了强有力的和谐之音，成为营销活动中的主旋律。主旋律的音符则是“信”和“谊”。

作为广告，既有很强的告知功能，也是张扬企业个性、传播企业文化的良好途径。它在广告中潜移默化地向受众展示着自我的秉性和特质。民众通过广告，会无意中在自己的心间种下记忆，使他（她）们在广告印象的积累中，能勾勒出一个企业的形象、脾气、性格、品行。信谊，起步是药房，在药房派生了药厂之际，1925年，在小众杂志有过少数宣传。可以理解信谊的先辈在有了制药实

同德醫專正科學生參觀信誼藥廠攝影

（紀事見本期五十九頁參觀記）

本校正科學生參觀信誼藥廠記

李武城

德商信誼藥房。自發行賜保命 Spermini 後。成效既著，風行頗速。三月廿一號二時。本校正科全體同學。應信誼經理霞飛博士 Max A. Joffe Dr. Phar. 之約。由本校陳教授倫會率領至藥廠參觀。首由博士將作用詳爲說明。次將製煉方法。一一加以實驗。平日所得學理。一旦見諸實現。其爲圓滿可知也。

博士示余等以種種家畜睪丸原料。謂賜保命之製。卽來自睪丸中之類鹽基 Alkaloid 化學式爲 $C_5H_{14}N_2$。武城按。此或係藥物家之規定。在余輩研究醫學者視之。睪丸組織有兩部。屬於外分泌者爲構造精液之 Tubuli seminiferi contorti。屬於內分泌者爲 interstitielles Gewebe 之來迪氏細胞 Leydig sche Zellen。此項 Hormon 能使新陳代謝力 Stoffwechsel 加至百分之五十。又能使筋肉工作力 ergographische Muskelleistung 加多若干倍。蓋增精生力之要素也。意者 $C_5H_{14}N_2$ 之類鹽基。即迄久始發明之來迪氏細胞質乎。信如是。功效之偉。可以逆睹矣。

博士爲大學教授保羅氏 Poehl 氏之高足。保羅氏固發明賜保命者。近更得博士親爲提煉。純潔愈形可貴。陳列於顯微鏡下之 $C_5H_{14}N$. 結晶由黃色雜質而提出之白色結晶。更進而消毒溶液及注射玻管之封口。循循善誘。引人入勝。旁觀者。幾忘發明之艱辛。當製作爲輕易矣。

參觀時因同學衆多。分組實習。旣竣。博士更欵以茶點。男女公子分任招待。情意殷勤。和藹可親。有教育之家庭也。席間更攝影以留紀念。別歸已萬家燈火矣。

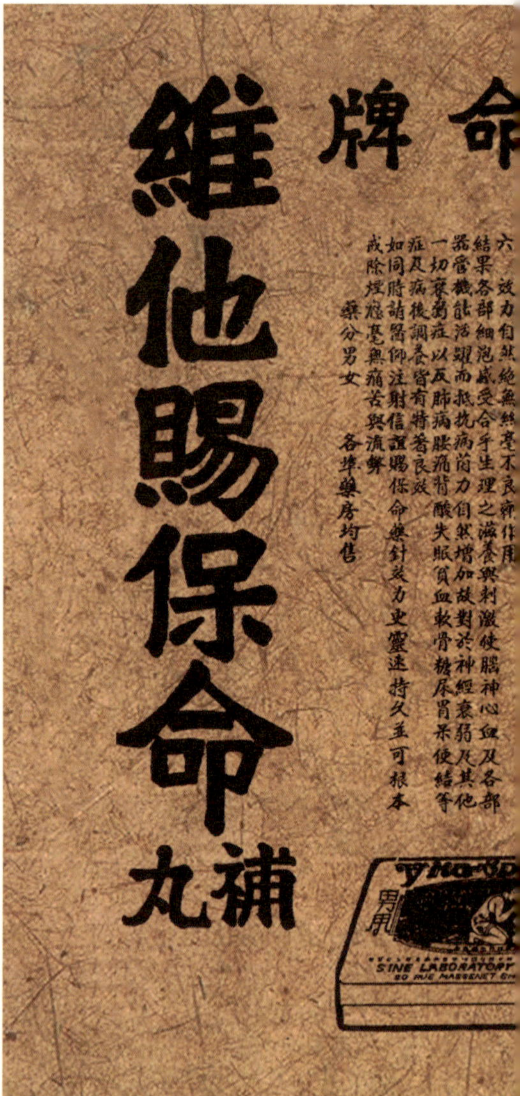

◎ 信谊提倡治未病，强调预防疾病为主，开发了系列保健药品。如图所寓，平时细水长流，不可临渴而掘井。

SINE LABORATORY SHANGHAI
長命
疾病纏身苦不堪言每易失財喪身按人之生命本賴精血支持故精血缺之即覺精神萎頓身體衰弱現今世人每至痛苦萬分時方始從事調養結果臨渴掘井則已晚矣德國霞飛藥學博士發明之維他賜保命補丸為結晶體荷爾蒙與丁種維他命之合併劑業已經過多數物理及生理試驗並臨床實驗確具有後列功效
毋臨渴而掘井

业之时，很礼貌地向市场做了个签到。

民国的信谊会在什么时候，以怎么样的阵脚布施广告，让人们获得有关信谊的信息呢？史料显示，信谊正式起步广告宣传，并持续而为之，是1930年。那年，正是国家首次颁布广告管理章程之时；那年，9月1日，信谊扩股重组为股份制公司；那年，信谊需要向世人亮剑，信谊需要敞开心扉与民众对话。信谊是在药界经历了15年的磨砺，在成功上市了生物药品“维他赐保命”和开发了诸多化学药品之后，在信谊药品有了15年的民众口口相传之时，终于准备开启广告这扇大门，走向社会与民众交流。

当时的主要媒介是报纸、路牌、药房橱窗等。信谊非常重视广告，不惜成本，广告费用约占营业额的5%。在广告投放的选择上，首当其冲的就是报刊。民国时期，有一种声音指责医药广告泛滥、虚假，要节制，信谊为了让民众了解信谊的良药好药，大胆坚持广而告之。除了与规模较大的报社媒体合作投放广告外，不间断地向不同特点的小报报社布局广告，尽可能覆盖更多的人群。所以从1930

◎ 维他新，信谊又一款“治未病”的药物，B结晶制剂。

年开启广告大门至1949年上海解放，先后与70余家报社媒体合作。前文已经述及，上世纪30年代信谊广告主要投放于5份较大报纸——《申报》、《新闻报》、《大公报》、《文汇报》、《大晚报》等。上世纪40年代又新增加了《新民报》晚刊和《国民日报》。

民国时期，上海出版行业相对发达，发行的报纸多达1700多种，其中小报占70%。当时，小报虽小，但仍会邀请报界大人物兼职指导，所以也能出奇制胜、道人所未道，成为传媒业的一翼。执小报界牛耳的“四大金刚”即“《晶报》、《金刚钻》、《福尔摩斯》和《罗宾汉》”；引导小报改革的两面旗帜是“《社会日报》和《立报》”；还有知名“四大日报”是《上海报》、《上海日报》、《报报》和《小日报》；共10份知名小报。信谊向其中8家知名小报投放了广告。当然还有更多的小报也是各种人群喜闻乐见的，信谊为覆盖更多触角，光顾了五六十份小报。

此外，信谊的文字平面广告的触角，还涉足不少杂

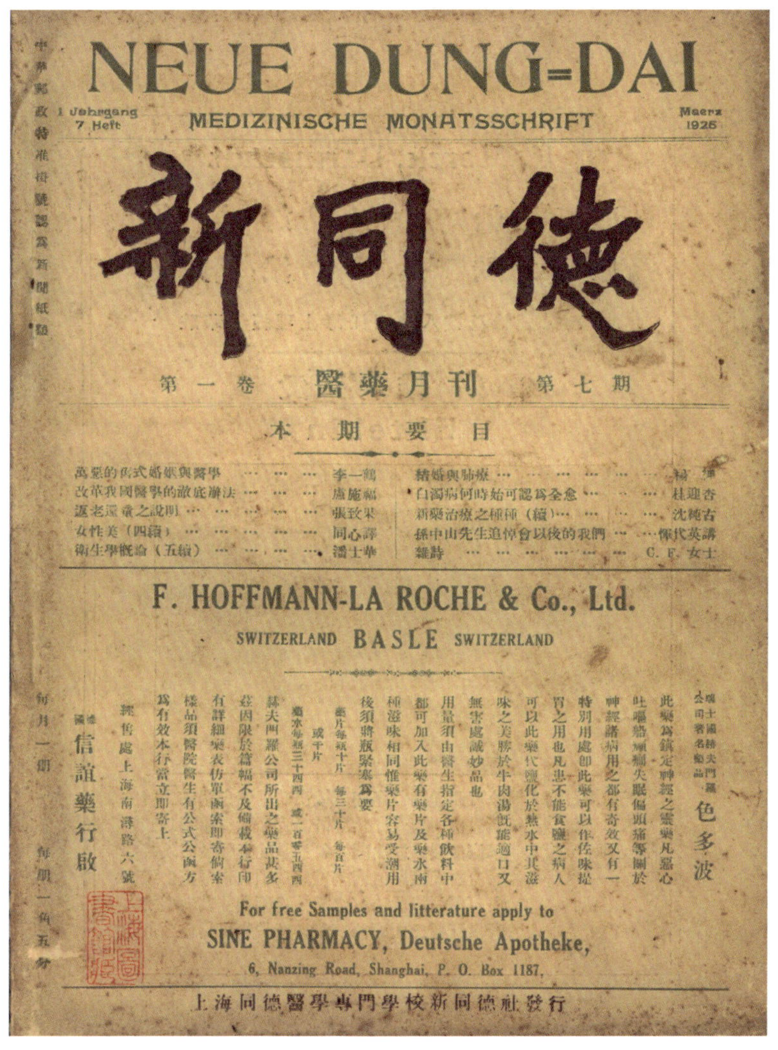

中華郵政特准掛號認為新聞紙類

NEUE DUNG-DAI

1 Jahrgang 7 Heft　MEDIZINISCHE MONATSSCHRIFT　Maerz 1926

新同德

第一卷　醫藥月刊　第七期

本期要目

每月一册　每册一角五分

上海同德醫學專門學校新同德社發行

◎《新同德》杂志第一卷第七期，下半页信谊药房的产品。1925年，信谊以一家制药工厂的身份，可查最早出现在媒体上的报道。

志。上世纪30年代，涉猎的杂志有《医药导报》、《商标公报》、《国货月报（上海版）》、《实业公报》、《实业季报》、《药友》、《医事汇刊》、《国医导报》、《医进》、《良友画报》等10来家。

到了上世纪40年代，杂志层出不穷，信谊也随之广开言路，扩大杂志合作面。上世纪30年代开发的《医药导报》、《国医导报》继续承办，其他又开辟了《医进》、《企业周刊》、《国产月刊》、《商情报告》、《国货商标汇刊》、《征信所报》、《征信新闻》、《征信日报》、《资本市场》、《证券市场》、《华股日报》、《华股研究周报》、《行政院公报》、《上海特写》、《商业月报》、《经济研究》、《上海防疫协会会务季报》、《现代经济通讯》、《经济通讯》、《新都周刊》、《新青年》等20余项的广告宣传的平台。

除了与以上百余家纸质媒体合作外，信谊还自己设计制作了产品目录的小册子，既有产品规格、适应症、价目等基本概况的信息，又有通讯方式，还有封面封底的广

◎ 场景还原夫妇因“难言之隐”就医，强调产品特殊功效。

告，一册多用。册子发放的对象，则是各大药房、经销公司、商行、医生等等，不仅方便了用户，也宣传了自身，使得信谊与客户、用户保持紧密型联络，缩小主客双方的距离。

跨入上世纪40年代之际，信谊开始扩大了广告攻势，用更多种的形式与民众对话。除了采用报刊杂志平面广告外，利用人们具有空间的远距离视野、近距离听觉的吸收功能；利用人们对图画类、艺术类的事物具有更高接受度的共性，设计了更多的广告形式。户外广告是其中一观。

信谊广告部在王逸曼的带领下，全力组创信谊产品的宣传推广事业，从商标设计、广告战略、包装策划等方面对信谊进行了全面系统地部署：制订信谊的VI系统，统一信谊企业标识，编印健康宣传刊物赠阅社会各界，推广“治未病”的健康营销理念，使信谊商标成为百姓心中信谊良药的标志，提升了信谊企业的价值追求。王逸曼根据鲍国昌制定的营销策略，高频率、大范围地进行广告轰炸，使“信谊良药，取信于民”深入人心。每当推出新药时，广告部对取名

◎ 全英文信谊产品介绍。英语“LONG LIFE”与页首圆形长命商标相呼应。制作精美，编辑于1933年。

和广告用语进行精心设计，兼顾疗效说明与简明易记要求；同时，对包装规格进行恰到好处的制作，使信谊药品在同类产品中更为畅销。在鲍国昌的倡导下，广告部和其他各部门的协同合作，信谊取得了经济效益与社会效益的双丰收。

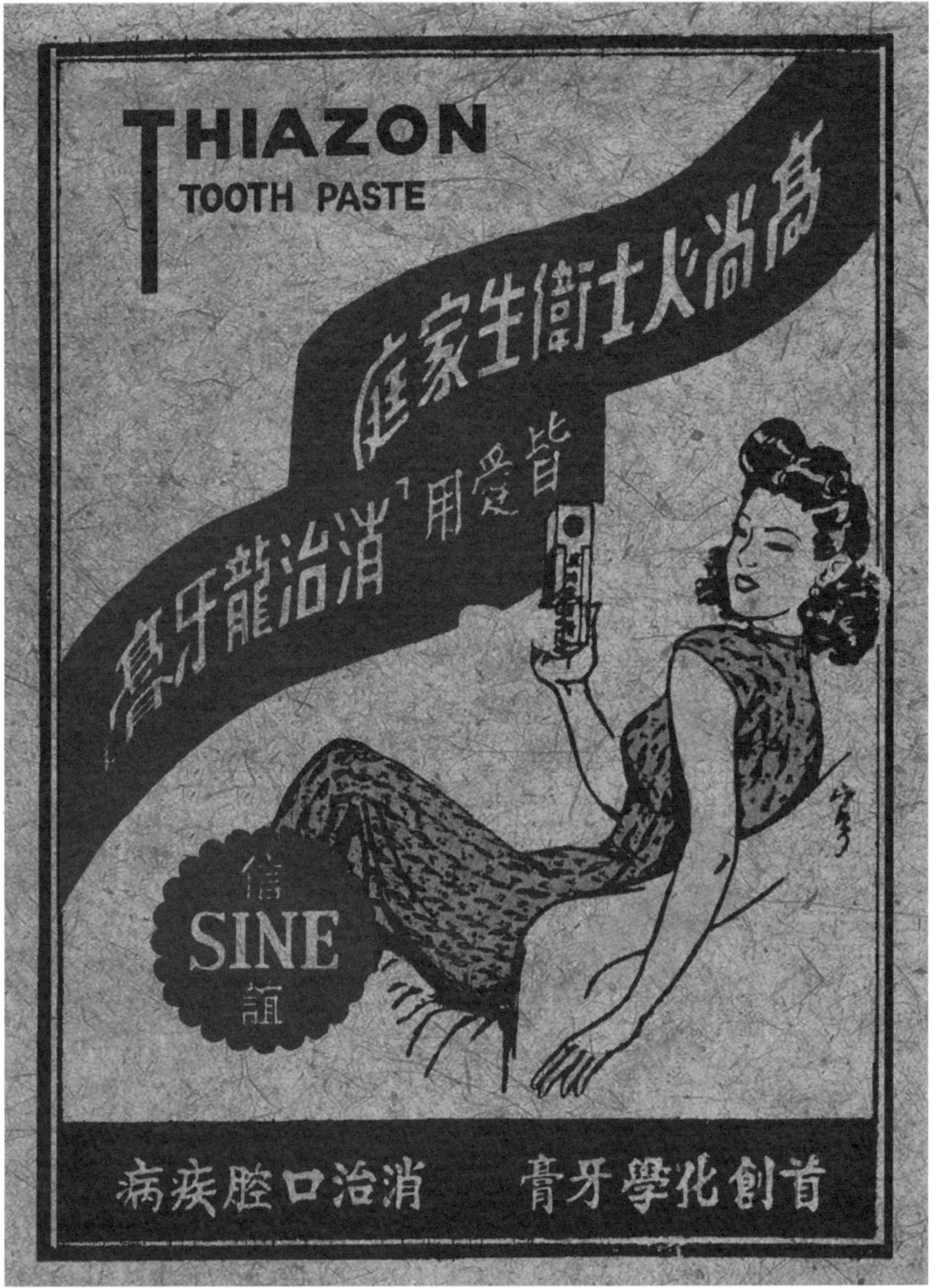

◎ 消治龙牙膏，信谊在上世纪40年代率先研制化学药物牙膏，引领快消品时尚。

賜保命

注射剤

丸剤

ONG LIFE VITA-SPERMIN A

也維
長命牌
& TABLET

Café
Victoria
SINE
鼻通
SINE
维他多

10

经典广告语深入人心

有了广泛的宣传途径，广告语自然也是企业需要深思熟虑的重点。如何深入人心，唤起人们的共鸣成为了重中之重。其实从信谊成立的那天起，她经营的初衷就是“以帮助民众健康为使命，让健康赶走疾病为己任”，所以她的举措，她的设想，她的经营，无一不渗透着“治未病”的理念。

信谊的广告中不乏鼓励追求健康的广告词，比如：

◎ 左图：大幅户外广告，频频出现在繁华地段，彰显企业经济实力和广告意识。

“健康比金钱重要”；“预防是上策”；“有胃病即无健康”：“健康至宝”；“近墨者黑，种瓜得瓜，种豆得豆，用良药得好果”；“今日方知健康乐”，“打好身体基础”；“药到病除，反弱为强；无病服之，百岁长命”等……

它告知民众，要在疾病发生之前就开始投资身体，让疾病无法在你身上驻脚。

信谊在产品设计的源头，就遵循“治未病”的理念，研发中有一部分产品是基于预防健身为初衷而创制的。这些产品小剂量服用，细水长流，健身防病，治疗于疾病发生之前。如果进而采用不同的剂量和方法服用，则能达到改善症状治疗疾病的效果。比如维他赐保命、食母生、好力生、四维葡萄糖、力弗肝等。此类药品可以健身治未病，按不同用法兼达治疗效果。

它也宣告以健康事业为己任的信念，此广告全文如下摘译英文《大美晚报》：

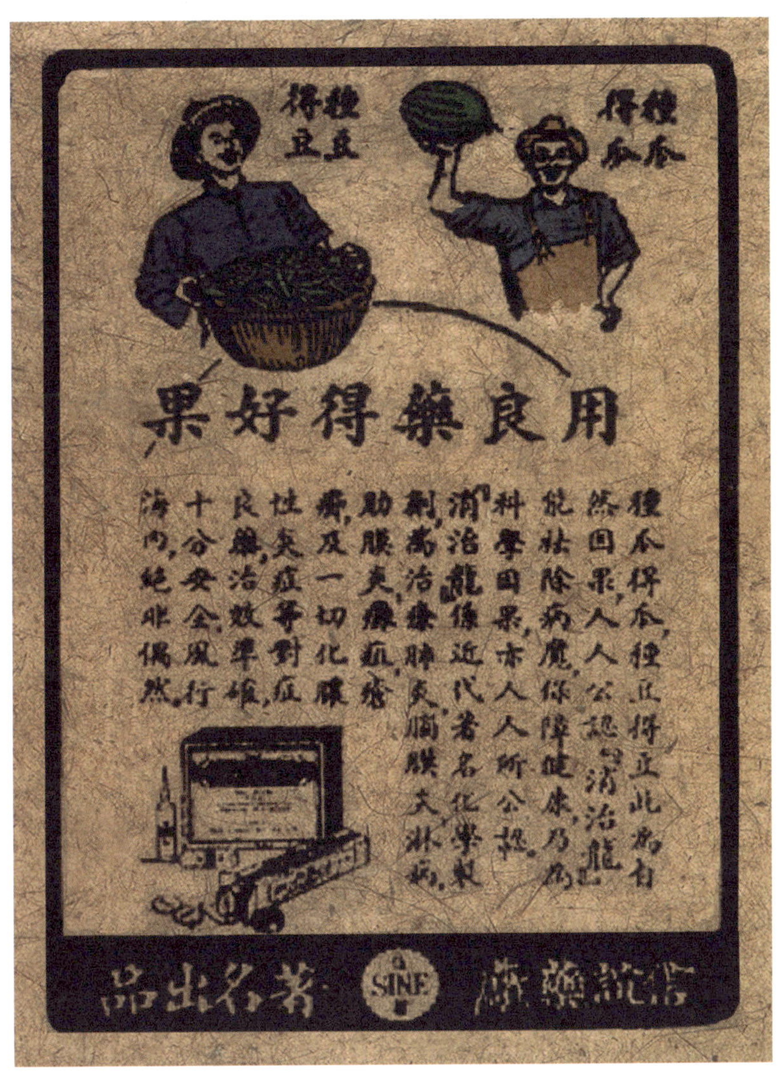

◎ 信谊经常在《文汇报》、《新闻报》、《申报》等大报上宣传“治未病”理念。如种瓜得瓜，种豆得豆，用良药得好果。

信谊药厂之沿革中国最进步之化学制药公司

信谊药厂创立以来，已十六年於兹，其使命在以欧美科学方法，自制西药，供给各界需要。经过五年之努力，营业渐形发达，地位亦日臻重要，因予以澈底改组，成一纯粹华人股份有限公司，此发展史上之最大关一提及之。

时至今日，公司资本异常雄厚，受雇人员以千计，为中国西药业之巨臂，且为国人自制针剂之始创者。该公司於精制针，丸，浸膏外，更附设，玻璃仪器厂，橡胶厂，化学实验室，病菌诊断室。同时并经理信谊血清厂、杨氏化学治疗研究所出品。各项良药，约数百种，功效卓越，堪与舶来品媲美，而售价之低廉，尤称独步。该厂之前途正方兴未艾，可预卜焉。

这看似一份企业沿革的介绍，更是一份宣言书，敢于与欧美国家比高低的决心书，是一份向民众告示决心以健康事业为己任的信念。这份1940年发出的宣言书，

"SINE"

信誼藥廠

中國最具規模之著名藥廠

信誼藥廠之沿革

中國最進步之化學製藥公司

信誼藥廠創立以來，已十六年於茲，其使命在以歐美科學方法，自製西藥，供給各界需要。經過五年之努力，營業蒸蒸日上，地位亦日臻重要，因予以徹底改組，成一純粹華人股份有限公司，此實歷史上之最大關鍵，殊値一提及之。

時至今日，公司資本業經雄厚，受雇人員以千計，為中國西藥業之巨擘，且為國人自製針劑之始創者。該公司於精製針、丸、片劑外，更附設：玻璃儀器廠、橡膠廠、化學實驗室、病菌檢驗室、全時非經理信誼血清廠，及現代化學治療研究所出品，各種良藥，約數百種，功效卓越，品質純良精美，而售價之低廉，尤稱獨步，誠廠之前途正方興未艾，可預卜焉。

選購信誼良藥

乃君之見識精明

◎ 1940年3月23日《申报》上刊登信谊面向社会的改革发展宣言书。

确实引发了信谊上世纪40年代的辉煌。这一天是民国二十九年3月23日，即1940年的3月23日。

这份广告内容可归纳为以下五点：创立16年，发展目标以欧美科学方法自制西药，满足市场需求；已改制为民族药企，资金雄厚；是国人自制针剂之创始者；具有多剂型，数百种药品，敢与舶来品媲美；前途可以预测。

仔细品读企业形象广告，我们不得不敬重信谊人，在建厂前期，就能有宽阔的办厂胸怀，先进的科学管理理念，远大的发展民族事业的抱负，虔诚的为民服务的意识。

此外，信谊还在产品的广告中，规劝人们从善，提倡遵循孝道。

1941年10月21日广告告知：第二天，信谊药厂刊行《女子二十四孝彩图》。10月22日至11月14日，每幅图下配有信谊的一个产品广告。希望民众学习24孝，收集24孝系列图文可到信谊药厂换取礼品。

有的广告规劝人们，远离赌博和吸抽鸦片。祝愿人们

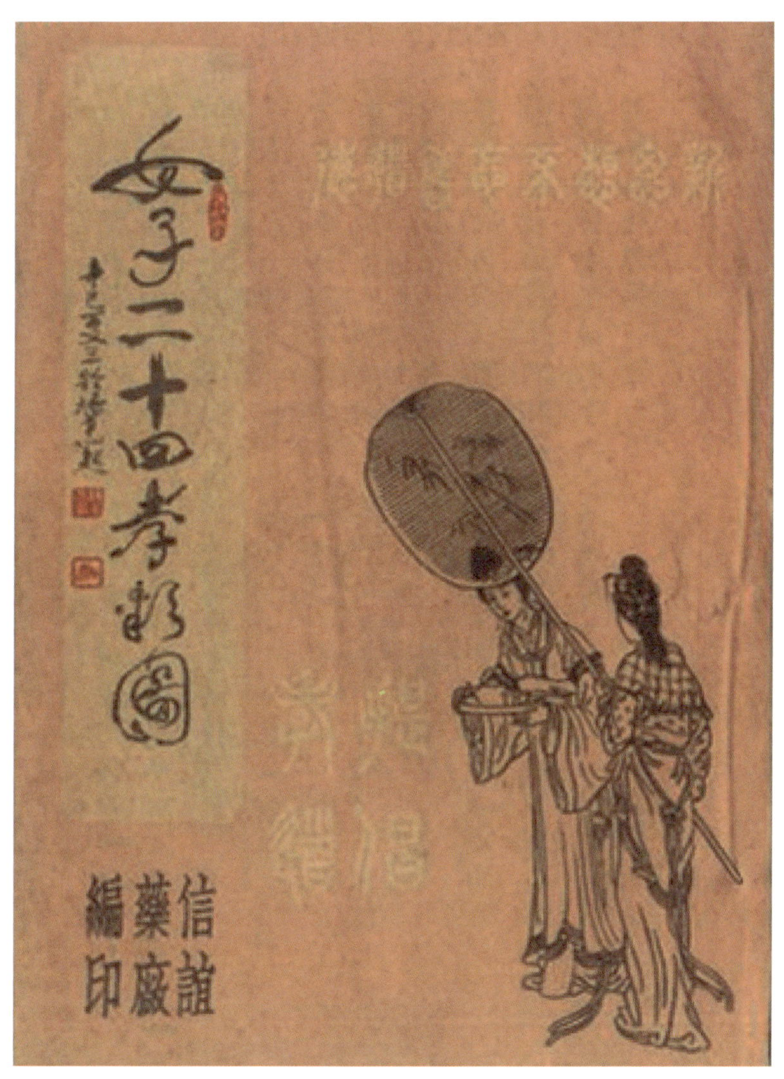

◎ 信谊通过公开出版物扩大企业品牌影响力，编印《女子二十四孝彩图》，被美国普林斯顿图书馆收为馆藏品。

健康美满。如1944年2月1日的一天霖广告中顺口溜说道：

家花哪有野花香
可惜野花不久长
醋罐打翻犹小事
鸟笼高拎没收场

信谊广告规劝从善，并不是希望得病的人越多越好，可提高销售量，而是期盼民众健康。

为了吸引人们对于广告的注意，信谊采取了形式多样的广告语言，例如：

自编《四维赞》，不仅讲述了四种维生素的作用还传达了一些中国的传统文化。

国之四维　出之管子　四维云何
礼义廉耻　四维不张　不亡何俟

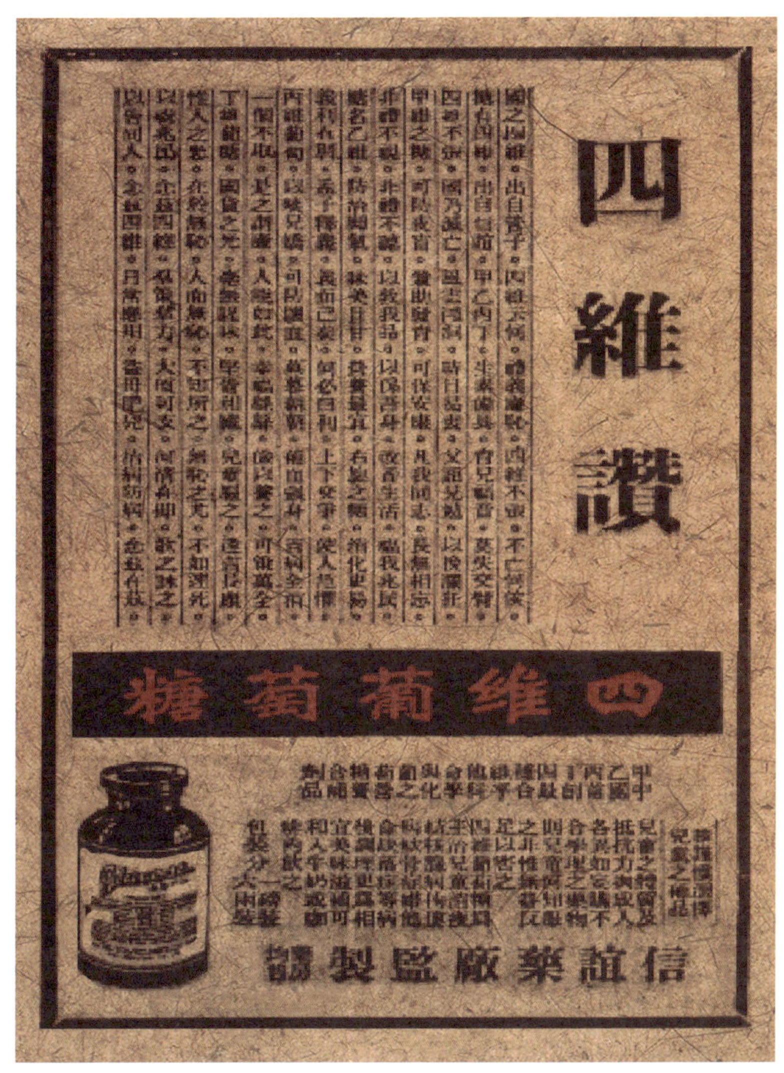

◎ 《四维赞》，为儿童用药——四维葡萄糖而作，体现信谊广告丰富的传统文化内涵。

糖有四维　出自信谊　甲乙丙丁
生素备具　育儿福音　莫失交臂
四维不张　国乃灭亡　风云鸿洞
时日曷丧　父诏兄勉　以挽狂澜
甲维之糖　可防夜盲　兼助发育
可保安康　凡我同志　长无相忘
非礼不视　非礼不听　以敦我品
以保我身　改善生活　福我兆民
糖名乙维　防治脚气　美味且甘
营养最宜　右旋之糖　消化更易
义利名别　孟子释义　义而已矣
何必日利　上下交争　使人畏惧
丙维葡萄　以琰儿娇　可防坏血
暮暮朝朝　补血强身　百病全消
一个不取　是之谓廉　人能如此
幸福绵绵　俭以养之　可策万全
丁维葡糖　国货之光　毫无腥味

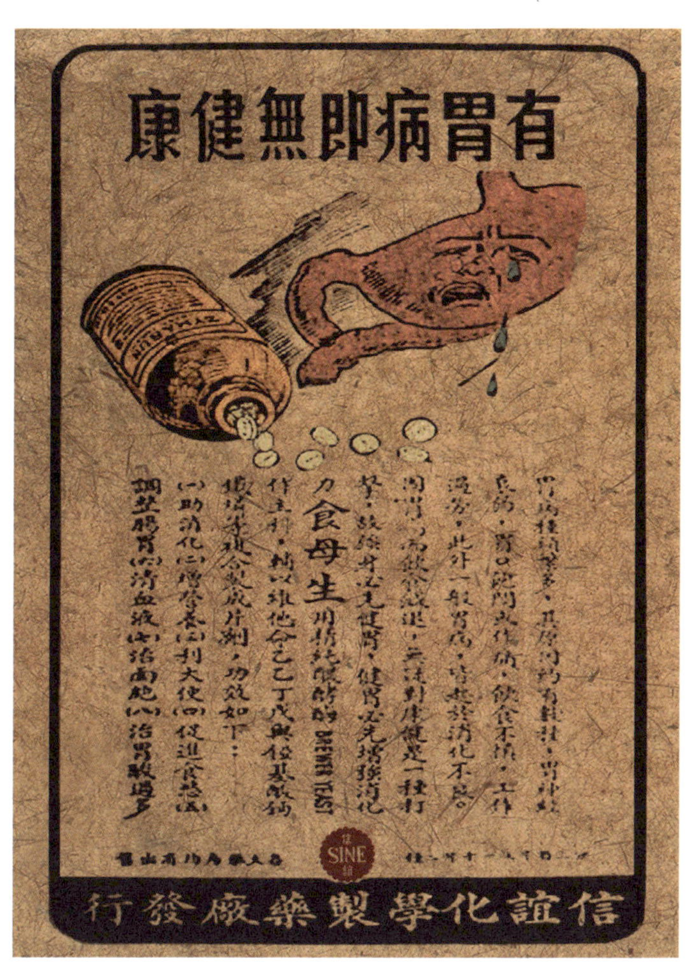

◎ 信谊良药——食母生，具有很高的大众认知度，属物美价廉经典好药，同时也是“治未病”理念的载体药物。如图所示，“有胃病即无健康”，倡导未雨绸缪。

坚骨和脏　儿童服之　逢吉长康

惟人之患　在于无耻　人面无耻

不知所之　无耻之尤　不如速死

以祝兆民　念兹四维　群策群力

大厦可支　河清舟即　歌之咏之

以告同人　念兹四维　月常应用

益母肥儿　治病防病　念兹在兹

编辑新《三字经》，介绍维他赐保命作用：

人之初　身本强　多欲望　精力疲

苟不补　日益衰　补之道　贵对症

维生素　最要紧　赐保命　长精神

健体力　强心肾　戒鸦片　治遗精

防衰老　还青春　常使用　保康宁

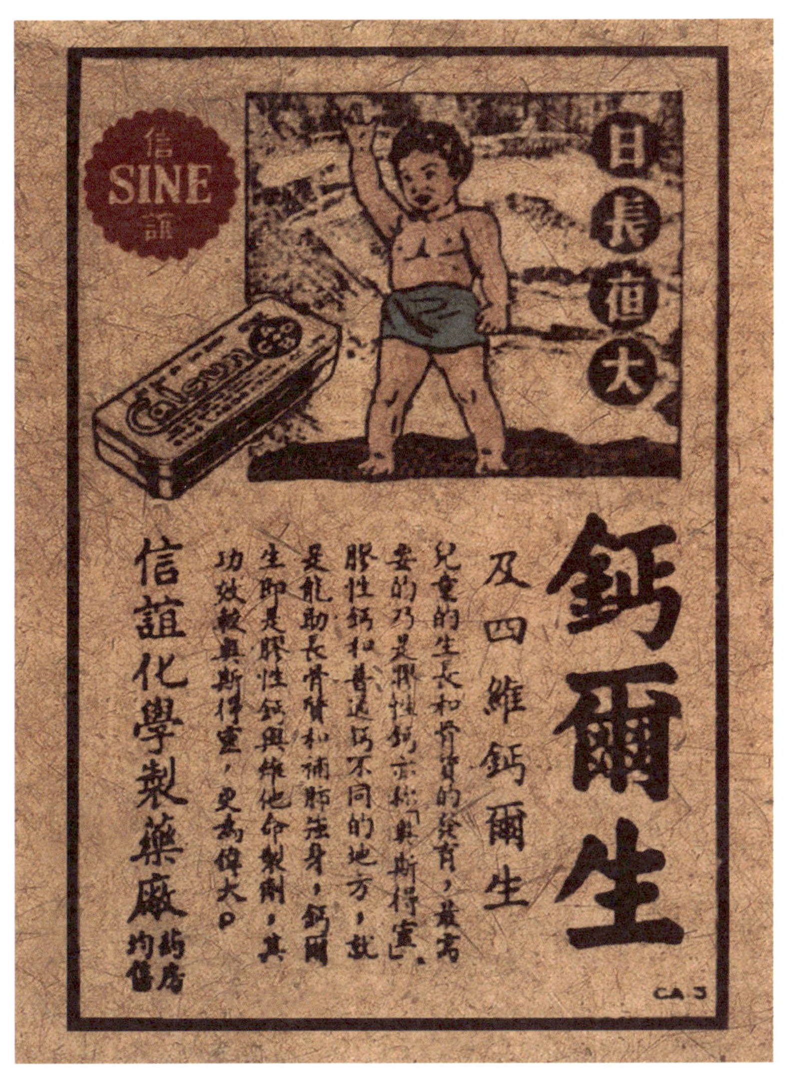

◎ 用沪语方言与消费者沟通，更能贴近地方特色，易于接受。钙尔生、四维钙尔生都是儿童良药，能使儿童“日长夜大”。

采用老百姓的日常通俗语：

1.日长夜大　2.劣马难骑，劣药忌服

……

对于重点产品“维他赐保命”，信谊始终是不遗余力地在宣传。1930年9月至12月，第一阶段在《申报》上的广告全部是维他赐保命，投放26次，节奏是7个时段，每个时段约连续3到4天。平均每月6.5次。在初次广告中频率密度尚属较高。

刊登频率如下：

9月份 22日、23日、24日、27日、28日；

10月份 25日、27日、28日；

11月份 7日、8日、9日、 16日、17日、23日；

12月份 5日、6日、7日、8日、16日、17日、18日、19日、27日、28日、29日、30日。

由于维他赐保命是信谊的第一个自制药品，之后不断开发维他赐保命的系列产品。对它的宣传，覆盖了1930年

◎ 维他赐保命广告高频率地出现在各类报刊杂志上，从不同剂型的角度宣传产品功效。

之后的全部民国阶段：在不同阶段，有不同的宣传重点。

民国时期，信谊向七八十家报纸投放广告，除了《申报》有大量的“维他赐保命”广告外，另有一般的报纸，也频繁登载维他赐保命的广告。

而针对另一个重要的产品，磺胺类抗菌药磺胺噻唑ST、商品名“消治龙”，信谊更是不惜工本，用铺天盖地的战术将竞争厂家的类似产品“磺胺吡啶”打垮。广告大战使消治龙逐渐名声大振，以后新亚药厂的“仙法龙”、生化药厂的“史太安”的销路均无法与消治龙相比。这就是广告的自信来自好药的典范。

信谊在宣传同一个产品时，会用不同的图案，从不同的角度，告知药物的功效。例如在1940年3月、4月的两个月中，做了8个产品的广告，其中“维他赐保命”做了15次，12个不同的图案，分别给出不同的广告语，从不同侧面向民众传递信息。有的强调对亚健康6种表现的疗效，有的叙说主要的6个成分的知识，有的提醒民众解除病痛跳出火海，还有告知浸膏制剂与结晶制剂的技术含量的区别等。还采用比喻手法：如山泉奔泻，流惠人间健康；如火车奔驰，跟随时代进步；如站上尖塔，追求质量高峰等等。

再看一个统计数据。查阅1944年1至7月份的广告，信谊的广告投入总共有118次，涉及13个药品，采用的手法也是多样化的。比如，此间做了17次维他赐保命的广告，用了9种不同的图案和文字，并且都是重新创作的新广告，不再搬用以前用过的广告设计；化学药物一天霖，做了15次广告，设计了8个广告图案；消治龙牙膏做了12次，设计了8个不同图案；化学药物新惜花散做了12次，设计了7种广告……

广告多样性的特点，使人们对产品信息知道得更多，更全面。

1946年，信谊买下了位于四川路的德鄰公寓，将其改建为厂房。在厂房楼顶制作大型信谊商标。在公共汽车的车厢身上、大楼的墙壁上，甚至是杭州西湖饭店的屋顶上，都能见到大型的信谊产品和信谊商标的广告。而在相关活动中，信谊也将消治龙牙膏作为纪念品，发放给参与活动的人们，不仅让大众受惠，更宣传了信谊将化学药物制入牙膏的首创，并传递了消治龙药物的杀菌性能。

此外，信谊还经常在电台里进行广播广告，用信谊药厂的名义，对喜闻乐见的播音曲目，以独家冠名的方式进行播放，增加了老百姓对信谊的好感和知晓度。

比如：《申报》1941年1月6日第三版报道，信谊独家冠名，徐清风先生领导全体男女二十余人播送三大名剧，中午12点至午夜2点。

满满的自信，使信谊在质疑医药广告泛滥，反对医药广告虚假的氛围中，大胆投放百家纸质媒体，并结合建筑、汽车等户外广告、实物广告等，形成广覆盖的宣传效果，为打开产品销路、方便百姓了解，扮演了十分准确的角色——演奏了一台和谐的交响乐。

许多企业能够进入百年华诞其实告诉了我们这样一个真理：要想长期保持品牌的影响，你就必须做长久的、不

◎ 右图：刊登于《医药导报》学术文章后面的插图。长寿老者与长命牌内涵相映成彰。

維他賜保命 補丸

SINE LABORATORY SHANGHAI

長命

上海信誼化學製藥廠

長命

间断的品牌管理。这看起来好像是很简单的经验之谈，但实际它却用了信谊几辈人的心血。信谊从最初的品牌内涵的界定、商标的注册、到产品包装的设计、广告的宣传、明星的代言、慈善的募捐、企业的社会责任、假冒伪劣产品的打击、再到“百万市民看浦东、看信谊”等大型公益项目的常年开展，持续性地关注品牌建设，维护企业外在形象，提升企业的商誉。长远的思维影响了我们做什么样的战略和决策，它的回报是巨大的，但是要取得这样的回报，长远的思维迫使你要面对一些根本性的问题。

全球领先的市场调研公司——明略行公司首席执行官乔安娜·塞登表示：“品牌正变得越来越重要。”根据该公司2010年发布的全球百强品牌年度排名，全球百强品牌的总价值约为1.9万亿美元，相当于意大利的国民生产总值。中国梦是中华民族复兴的大梦，而中华民族企业的复兴也应是中国梦的一个重要组成部分，一个民族品牌甚至可以是一个国家的图腾，自有品牌的强盛已经成为一个国家实力的参考与写照，一个国家经济命脉中最具价值的资产之一。

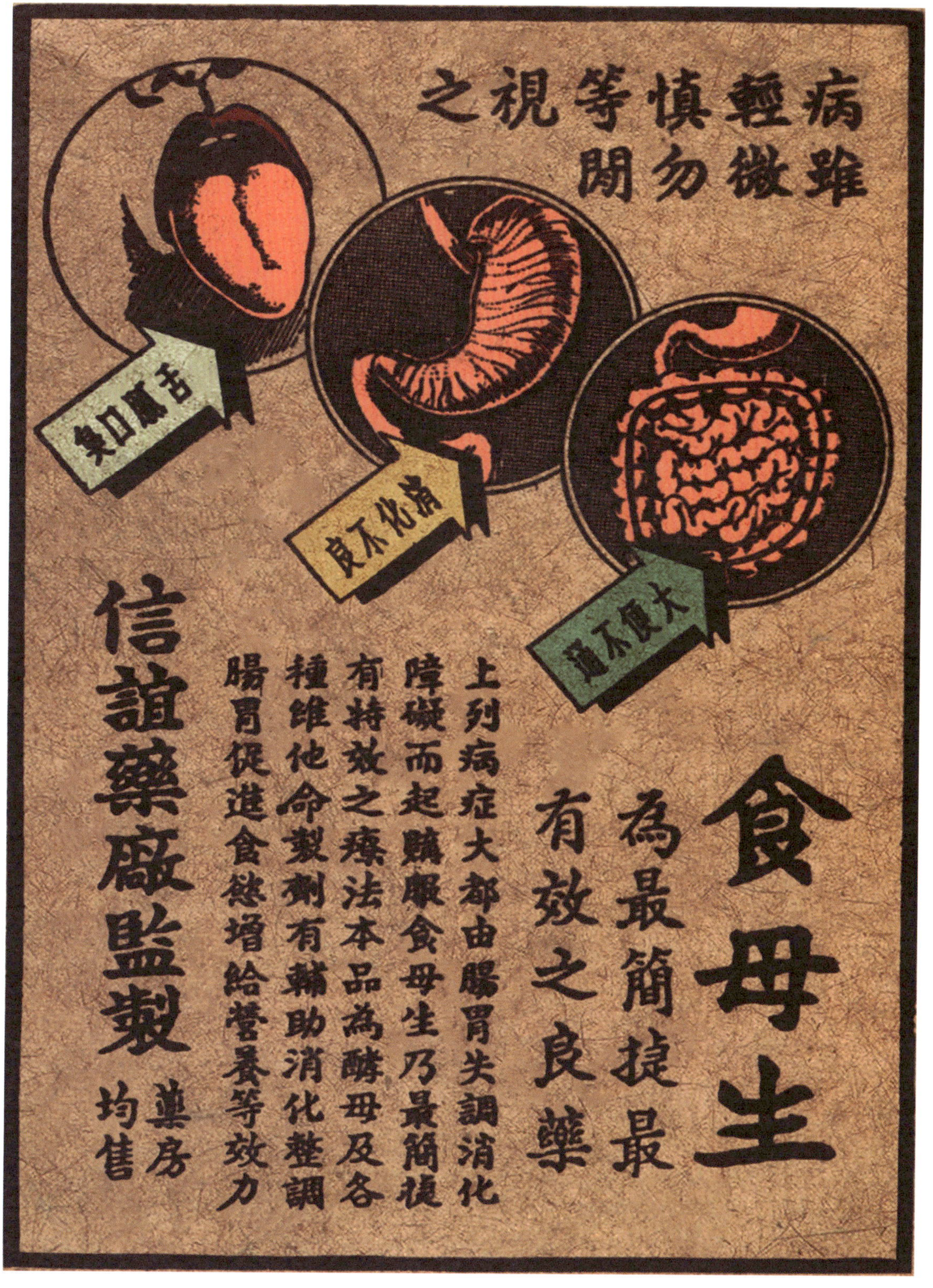

◎ 刊登于《良友》杂志的食母生广告，运用形象生动的手绘画告诉大家：病虽轻微，慎勿等闲视之。强调了“治未病”理念。

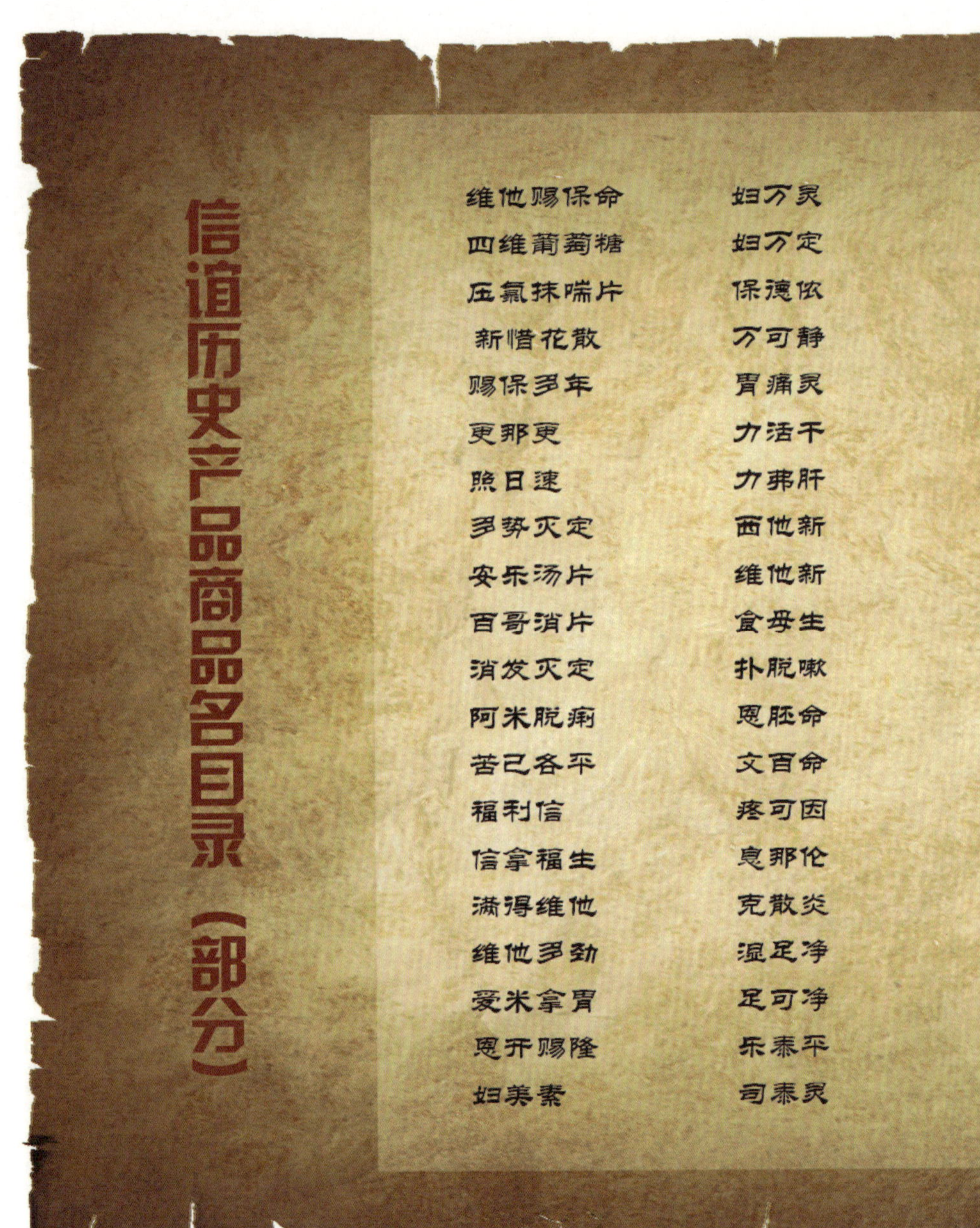

信谊历史产品商品名目录（部分）

维他赐保命
四维葡萄糖
压氣抹喘片
新惜花散
赐保多年
更那更
照日速
多势灭定
安乐汤片
百哥消片
消发灭定
阿米脱痢
苦己各平
福利信
信拿福生
满得维他
维他多劲
爱米拿胃
恩开赐隆
妇美素

妇万灵
妇万定
保德依
万可静
胃痛灵
力活干
力弗肝
西他新
维他新
食母生
扑脱嗽
恩胚命
文百命
疼可因
息那伦
克散炎
湿足净
足可净
乐泰平
司泰灵

好力生
圣露高力皇
西握命
爱地命
息你疥
消治龙
克散定
静而波
息凡静
痨可宁
乐培林
开提心
通立刻
一天霖
拿万丁
扑灭定
消那炎
胃灭炎
安力速
维康血

康补心
培力克
固血丁
钙尔生
加力本
安排散
果百皮
快痢福
福利血
新重钙
高滤丁
息宁本
息热邦
安康宁
海石维
力康胖
康为他
新宁生
普利活
多脑维

信复新
信泰生
信乃生
信克通
安胃息
痛兰宁
百络定
安的敷
安立
肺康
鼻通
多康
大净
新康
顶生
新鼎
拔痔根药膏
一明眼药水
雷氏光明眼药水
品多生发香油

附录1

20世纪40年代信谊的管理及技术人员名单

厂长鲍国昌 震旦大学

厂长杨树勋 芝加哥大学化学博士、洛氏医学研究院研究员

化工厂厂长林世瑾 法国国家理化博士

血清疫苗厂厂长毛守白 震旦大学留法博士

厂特聘顾问蓝春霖 留美博士，中国生物制品界著名专家

制造部主任戴凯 中法大学药学专修科

化验部主任任传谦 中法大学药学专修科

血清疫苗部主任潘咸新 震旦大学医学博士

脏器制剂部主任毛宗英 东吴大学理化学士

厂副经理陈铭珊 雷士德学校工业化学科

办公室主任张伯萍 震旦大学文法科

广告部夏焕如 美术专科学校

广告部王逸曼 美术专科学校

营业部经理王大和 东吴大学法学士

管理部主任张芝祥 交通大学实业管理学士

营业部主任张邦纶 沪江大学理学士

化工厂总务主任焦素珊 法国里尔大学文学博士

总经理秘书唐熙治 交通大学铁道管理学士

工程科主任王秀生 玲奋马达厂顾问、工程师

总公司制造部药剂师顾名汶 中法大学药学专修科

厂医兼化验科路武 震旦大学医学博士

工程科孙开藩 交通大学机械工程学士、副工程师

化工厂总务张秉仁 北平大学

化学师张光远 震旦大学化学学士

化学师裘树镳堃 震旦大学化学学士

化学师郑际宝 震旦大学化学学士

化学师徐京津 震旦大学化学学士

化学师徐开坤 东吴大学化学学士

化学师梁光溥 交通大学化学学士

化学师刘继衡 交通大学化学学士

药剂师范熙人 中法大学药学专修科

药剂师钱宜春 中法大学药学专修科

药剂师董秀华 中法大学药学专修科

药剂师陈淑英 国立上海医学院药科

药剂师孙介玉 中法大学药学专修科

制造部孙嘉麟 中法大学药学专修科

编辑部方子川 复旦大学文学学士

人事部陈恩圣 沪江大学工商管理学士

运输部王隐男 交通大学铁道管理学士

营业处白天祝 麦伦书院

营业部夏定敏 复旦大学

蒋申法 交通大学公务管理学士

黄肇雄 交通大学实业管理学士

陈展沧 东吴大学理学士

严广骏 国立交通大学理学士

王　斌 光华大学会计系

濮梅书 沪江大学工商管理学士

徐修娟 大夏大学文学学士

周守贤 美术专科学校

陆慕云 沪江大学

徐嘉樑 沪江大学商学专修科

附录2

信谊慈善事业大事记

◎ 1937年

1月11日，何子康号召全体员工向抗战前线将士捐募一日工资，拉开信谊“一日捐”活动序幕。

◎ 1943年

8月，面向全社会设立信谊药厂奖学金，奖学金总额为50万。

◎ 1946年

接待各大名校学生来信谊药厂实习。

◎ 1994年—1997年

信谊六次下江西农村，在江西省抚州市宜黄县桃陂乡，建设“信谊希望小学”。

◎ 1996年

信谊向云南地震灾区捐赠救灾药品，获红十字会表彰。

◎ 1999年

6月18日，信谊开始组织全市性的“万人看浦东、看信谊”的大型公益活动。

◎ 2001年

11月29日，由浦东新区社会发展局，市慈善基金会浦东新区办事处和上海信谊药业有限公司等共同投资的国内首家由社会参与管理的慈善医疗机构——信谊慈善医院在浦东新区诞生。

◎ 2003年

8月，“万人看浦东、看信谊”活动的参观人数突破10万，活动正式改称为“百万市民看浦东、看信谊”。

◎ 2004年

1月10日，上药集团信谊制药总厂获得由上海市慈善基金会、市精神文明建设委员会办公室颁发的上海市首届“慈善之星”称号。

7月22日至25日，上药集团处方药事业部赴青海，参加由上海市食品药品监督管理局组织的“援青扶贫药品捐赠活动”。

◎ 2006年

1月1日，信谊培菲康俱乐部成立。

◎ 2008年

5月，信谊向汶川地震灾区人民捐款捐药200万元。

12月3日“读报养生送健康，信谊日日伴您行”——《文汇报》赠报仪式举行。

◎ 2009年

6月3日，上海市学生营养与健康促进会及上海市儿童健康基金会将上海市第一个“健康教育基地”的称号授予信谊。

◎ 2011年

2011年至2015年，连续5年向随迁子女学校捐赠药箱，并为他们带去了度身定做的科普健康讲座。

◎ 2012年

11月，“百万市民看浦东、看信谊”活动持续创新，组建信谊健康俱乐部，聘请50位民间“培菲康健康大使”，并获市科委20万资金支持。

◎ 2013年

信谊提出了“公益小时”的概念，党员们纷纷走出企业，为社会奉献爱心。

◎ 2015年

2015年11月7日，上药信谊为“雪龙号”南极科考队员们送去明星产品“培菲康”，伴顺利起航。

◎ 2016年

4月20日，由上药信谊出品的《安全用药一小步，健康生活一大步》科普公益片在中国·浦东第三届科普微电影大赛的300多部参赛作品中脱颖而出，成为10部入围作品之一。

6月，上药信谊第一次向社会公开发布《2016年度企业社会责任报告》。

爱送四方，大型公益活动温暖人心

“百万市民看浦东、看信谊”大型公益科普活动，创立于1999年。随着来访人数的慢慢攀升，活动名称也从原来的“万人看浦东、看信谊”更名为“百万市民看浦东、看信谊”。17年间，上药信谊因地制宜，发挥所长，根据自己行业和企业的特点，将这个原本只是展示浦东改革成果，展示国有企业风貌的活动，办成了名副其实的科普大众、传播药学知识和健康常识、无偿回馈社会的社会性公益活动。一路走来，风雨兼程，上药信谊每天用崭新的大巴免费接送百余名参观者赴企业参观访问。企业除了提供免费的午餐、接送车辆之外，还坚持开设科普讲堂，宣传安全用药常识，也会根据季节和人群开设健康讲座，例如：《补钙方程式》、《肠道健康的神奇密码》、《青少年爱眼护眼》、《健康饮食保健》等。就这样，从不刻意炒作和宣扬，活动靠着市民和学生们的口碑相传得到了认可和赞誉，接待小组办公室每天的预约电话络绎不绝，想要来参加活动的市民群体在接待小组的预约笔记本上排起了长长的队伍。为了更加方便市民预约参观的需求，2015年，上药信谊还特别增设了网络电子预约，想来企业参观的市民只需通过网站就可轻松预约取号。至2016年，上药信谊已经接待参观市民、学生等各界人士超过了43万人，开展科普课堂授课共计有7000余堂，发放健康科普宣传手册60余万本。

"为民办实事 满意在社区"
安全用药小常识
单冲式压片机
海洋强国共筑南极中国梦
中国第32次南极考察圆满成功
健康教育基地
2008年
共享科普阳光 走进科技殿堂

SPH
SHANGHAI
科普
长廊
上海雷允上药业科普基地
MgSO4
药物为何要制成
不同剂型?
生产工艺流

附录3

大事记

◎ 1916年

俄籍德人药学博士马克思·霞飞在上海霞飞路443号（今淮海中路）独资开设“SINE PHARMACY”（信谊药房），信谊品牌诞生。

◎ 1918年

马克思·霞飞根据其老师保罗教授的研究，从动物的脏器中成功提取荷尔蒙晶体，取名为“维他赐保命”。

◎ 1924年

何子康应信谊药房之聘，担任信谊药房药剂师。

同年，霞飞与何子康共同创办信谊化学制药厂，开始尝试小规模生产“维他赐保命”，并在信谊药房出售。

◎ 1925年

3月21日，德国人开办的医药专科学校学生群体参观信谊，医药月刊《新同德》第七期刊登此消息。这是信谊建厂后第一次在公开杂志亮相。

◎ 1929年

注册“长命牌”商标  。

◎ 1930年

9月1日，因业务扩展，信谊再次募股，鲍国昌、何子康、徐虎臣、许世芳、潘德俭、林兰森、鲍国樑、郭云良等人筹得股金5.39万元，与霞飞以设备、处方和商誉等折合而成的3.69万元资本合股。“信谊化学制药厂”正式改组为“信谊化学制药厂股份有限公司”，并向国民政府实业部注册，霞飞任经理。

9月，信谊首次在平面媒体上宣传信谊产品。《新闻报》1930年9月20日第十三版，和《申报》1930年9月22日第七版，均首次刊登“维他赐保命”广告。

12月，中方收购霞飞3.69万元股份，成立董事会，由鲍国昌、何子康、徐虎臣、许世芳、鲍国樑5人担任董事，鲍国昌担任董事长，何子康为总经理，聘霞飞为监制人，信谊成为中国民族资本企业。

◎ 1931年

信谊增资2.8万元，总资本达11.88万元。

成功注册“长命牌”维他赐保命药水商标。

◎ 1932年

信谊增资1.01万元，总资本达12.89万元，以完全华商股份有限公司身份重新向国民政府实业部注册。

信谊派专人携带部分注射剂样品，送往美国鉴定，经美国卫生机关及试验所、医院的检验和临床试用，被认定为合格，可与英美同类产品媲美，并发给信谊相关证明文件。

◎ 1933年

2月，经国民政府实业部核准登记，发予信谊“设字第三六一号”营业执照，核定资本总额为12万元。

信谊又增资2.11万元，总资本达15万元。

9月，信谊独家与医疗界合作11年，创办《医药导报》，共出版了四卷44期，发表各类文章如临床经验、医学讲座等和医药界信息共有1325条。

11月，《信谊长命牌各种良药汇集》第一版出版。

◎ 1934年

5月，分别注册维他赐保命针剂、丸剂商标，信谊走上多剂型发展道路。

9月，国民政府实业部核准信谊增资变更登记。

◎ 1935年

3月，获上海市政府颁发的“国货运动奖状”，信谊以优秀民族品牌获国人追捧。

6月，招募资本5万元，信谊资本总额达20万元。

11月，国民政府实业部核准信谊增资变更登记，发营业执照“新字二七零号”。

12月，信谊收购振华橡膏厂股份有限公司。

12月，信谊成立同人足球队，开展行业内足球联赛。

◎ 1936年

3月，鲍国昌正式参与主要行政管理工作。修改公司章程；拟增资30万元，后超额募集资金10万余元，资本总额达60万元。

5月，注册“长命牌”霞氏光明眼药水，开启制造眼药水产品的先河。

10月，成立天津、香港办事处，在爱文义路设立分厂生产注射液。

12月，信谊厂房已扩充为马斯南路2号至20号。

◎ 1937年

1月，何子康号召全体员工向前线将士捐募一日工资，拉开信谊“一日捐”活动序幕。

3月，信谊“长命牌”商标连同维他赐保命针剂、片剂，力弗肝针剂、片剂等一系列产品获中华民国全国新药业同业公会颁发的“国货证明书”。

8月，战争爆发，工厂停产，霞飞离厂赴美，11月复工生产。

9月，信谊玻璃厂成立，从此，信谊针剂安瓿瓶由信谊自己供给。

11月-12月，信谊成立北平、澳门、汉口办事处。

◎ 1938年

4月28日，何子康辞去信谊总经理职务。一年后，何子康独资开办极星药厂；公司合营期间，极星药厂并入信谊；何子康退休于信谊药厂。

5月4日，经济部核准信谊增资变更登记，核准资本金60万元。

5月5日，何子康离开信谊。

5月10日，董事会临时主席朱吟江致信鲍国昌建议聘其担任总经理。鲍国昌接任信谊总经理。

8月，成功邀请维罗广告公司美术图画部主任王逸曼加盟信谊。信谊美术图画部改名为广告部，王逸曼任部长。

10月，信谊与杨树勋博士的杨氏化学研究所合作，研制成功治梅毒特效药“新惜花散”并顺利注册。

12月，成立南京办事处。

◎ 1939年

2月，信谊协同警方破获苏州伪药制造团伙案。

4月，成立信谊药厂医学化验部(马斯南路20号)。

4月，成立血清疫苗厂股份有限公司(爱文义路914号)，股本20万元，任命蓝春霖为总技师。

4月，成立信谊第二厂(爱文义路914号)。

5月，王逸曼第一次用厂名“信谊”二字设计企业商标，企业商标“SINE信谊”注册成功。

10月15日，法国国家理化博士林世瑾加盟信谊，后主持研制“消治龙”。

12月，成立新加坡办事处。

◎ 1940年

信谊资本增至150万元并增募优先股100万元，合计250万元。

3月，注册“长命牌”橡皮膏商标。

4月，成立信谊化学药物研究所（马斯南路部分厂房），林世瑾任所长。

4月，信谊总部从马斯南路迁到福熙路。

8月，信谊获中华国产厂商联合会会员证书。

11月，消炎药磺胺噻唑原料研制成功，被誉为“云中之龙，药中之王”，从此可以不依赖进口原料自主生产“消治龙”（即磺胺噻唑片、针）。

12月，诞生了外方内圆商标和同心双圆信谊商标。

12月，血清厂停办（后复产）。

12月，成立青岛、济南、烟台办事处。

◎ 1941年

6月6日，召开信谊股东临时会议，到会股东651人。通过增股方案，增普通股160万元达310万元，增甲种优先股300万元，原有优先股100万元称为乙种优先股，最终信谊增资至710万元。

8月，成立消治龙制造厂，信谊首次为一个产品专门成立独立生产基地。

9月，信谊橡皮膏厂停产。

9月，成立苏州办事处。

9月，在《申报》、《新闻报》、《大晚报》、《大公报》等报纸上加大产品广告宣传力度。

10月，注册黄底红字全英文字母的彩色SINE商标。

12月，日本军队扣押信谊进口原料及机器于白莲泾码头，通过几个月的积极周旋，信谊将所扣药品、机器全部领回，并将一部分同行药品同时取回、发还，确立信谊在行业内“讲信誉、重友谊”的地位。

◎ 1942年

2月，信谊增加资本金至中储券2000万元。

2月，高薪聘请熟悉西药业务的陈铭珊为副经理。

3月，成立信谊普陀路分厂。

4月，“SINE信谊”企业商标按不同产品适用范围，又注册了3个用于产品的信谊商标。产品包装上开始出现既有“长命牌”商标，又有“SINE”或“信谊”商标的局面。

◎ 1943年

1月，注册英文“SINE”黑白字体和红白字体商标，其中红白商标是17个花瓣红底白字的红太阳商标，是现在商标的雏形，同年还注册了蓝黑色信谊飘带商标。

2月，信谊总经销杨氏研究所研制的新药“新惜花散”。

3月，制定《工作月奖暂行条例》，对全体员工进行按月绩效考核，是信谊最早的绩效考核制度。

5月，信谊化学药物研究所搬至贝当路(现衡山路)。

6月，信谊设立厂图书馆、创建宣传讲习所。

6月，信谊玻璃厂、橡膏厂获《上海特别市药厂同业公会会员证书》。

7月，信谊进行组织机构调整，设立总经理室，下设：秘书处、总务处、营业处、厂务处四处。

7月27日，《新闻报》“新惜花散”产品广告中首次出现24花瓣“信谊”商标。

8月，面向全社会设立信谊化学制药厂奖学金，奖学金总额为50万元。

11月，“信谊化学药物研究所”改制为“信谊化工厂”，聘林世瑾为厂长（包含马斯南路部分厂房、陆家路120号化工厂分厂、陆家路274号化工厂分厂）。

10月，全厂各部门每月编制预算计划，生产部门每周编制生产预算表，交部长会议决策。

12月，开始制定药品生产制造操作流程，做到每批产品标明负责人，使药品可追溯。

◎ 1944年

2月，注册“消治龙”牙膏商标，产品投入生产，信谊正式加入化妆品同业公会。

获准在洛阳路397号开设信谊化学制药厂，获营业证书（1944年1月）和开业执照（1944年5月）。

6月，注册沿用至今的信谊商标 。

9月，设立西安、重庆、杭州、台北、厦门、广州、沈阳等办事处。

◎ 1945年

6月，成立信谊重庆分厂。

7月，获“中国全国同业公会协会会员证书”。

9月，受国民政府中央卫生署委托，全权代替中央卫生署对各地制药企业的送检药物进行检测。

本年度，消治龙的销量剧增，成为当时最畅销的药品之一，信谊在上海制药业中的翘楚地位逐渐确立。

◎ 1946年

2月，再度扩股融资，总资本扩充9.5亿，达10亿，陈铭珊任董事。

3月，引进40余名高校优秀人才，担任重要管理岗位之职。

5月，药厂依法成立工会。

6月，德鄰公寓正式生产运行。

9月起，根据市场价格上涨，按物价生活指数给员工浮动定薪。

10月，鲍国昌赴美考察，前往美国礼来公司、施贵宝公司学习业务，并购置大量先进生产机器。

10月，投资设立台湾分厂。

12月，新药DDT制造成功。

12月，接纳各大名校学生来厂实习。

12月底，信谊消治龙、维他赐保命营业额较上年猛增一倍，达到历史空前水平。

◎ 1947年

3月，获得经济部“新字第一八三一号”增资登记营业执照。

4月，制定《信谊化学制药厂厂规》，这是信谊最早的的具有科学管理、人本管理思想的全面管理制度。

4月，开始生产“消治龙”药皂。

5月，获中华民国经济部工厂登记证，准许生产化学药剂。

6月，徐虎臣请辞常务董事一职，鲍国昌当选董事长兼总经理；同月，鲍国昌赴台考察。

7月，台湾信谊药厂开业。

11月，通过信谊、警署通力协办，假冒消治龙案主要案犯被捉拿归案，信谊登报声明。

12月，通过增资方案，从原有资本10亿元增至100亿元，积极筹备股票上市事宜。

12月，信谊化工厂成立同人福利互助会。工会组织出版《工讯》和《会讯》。

◎ 1948年

2月，就信谊增资90亿元召开具体实施的股东会议；任命陈铭珊为经理，张伯萍为副经理。

4月，信谊化工厂股份有限公司获准增加资本金，发予增资执照，总资本100亿。

7月，获准成立信谊消治龙实业公司。

◎ 1949年

1月，获得上海区制药工业同业公会会员证书。

4月，鲍国昌致信谊董事会，辞去信谊总经理一职，董事会聘鲍国樑为总经理。

7月，获得上海市家用化学品工业同业公会会员证书。

8月，成立临时护厂队，对护厂有功者奖励。

5月至11月，信谊化学制药厂发生罢工，劳资双方进行交涉。

11月，信谊化工厂并入信谊药厂，不再进行独立核算。

11月9日，鲍国昌回厂看望全体职工，受到职工热情欢迎。

11月10日，上海市工商业联合会筹备会聘陈铭珊为上海市制药工业同业公会筹备委员；上海新药业公会信谊药厂分会成立。

12月，信谊生产能力为：每月针剂200万支、液剂4.5万支、油膏2000公斤、粉剂300万磅、片剂及胶囊520万片（粒），消治龙牙膏10万支。

12月，1949年的信谊组织结构，总公司：秘书处、营业处、工程部、第一制造部、第二制造部、第三制造部、血清部、管理部、运输部、会计部、文牍部、广告部、庶务部、电话间；总厂：财务部、力弗肝部、制造部、原料部、诊疗室、管理部、灌膏组、灌液组。

◎ 1950年

2月26日，新中国首届信谊工会正式成立，工会委员由陈古月、夏定敏、须庆祥、浦福兴、高林法、张澄渔、李爱梅、孙介玉、孙礼庚、薄雪君、王迎恩、徐能智、毛显球组成。

3月，参加全国卫生展览会，并设展台。

5月，经劳资协商会提议，工友代表列席部长会议。

◎ 1951年

6月，上海市工商业联合会聘信谊陈铭珊为上海市新药交易所筹备会主任委员。

8月，党的工作由地下转为公开，党支部在企业（信谊化学制药厂）公开展开工作，徐利纳首任党组织书记。

10月，向上海市人民政府税务局申请总厂登记证（信谊化学制药总厂）。

12月，向上海市人民政府工商局申请分厂登记，即信谊化学制药厂第二分厂(普陀路211号)。

◎ 1952年

12月，陈铭珊任董事长兼总经理。上海市人民政府聘陈铭珊为上海市工商业民主评议委员会委员。

◎ 1953年

徐开坤、陈舜一等技术人员试制成功优于国际生产工艺的治疗结核病的原料药“异烟肼”，此工艺较大幅度节约了生产成本，打破了当时原料依靠进口的局面。

◎ 1954年

7月1日，信谊化学制药厂获准成立公私合营企业。

7月，信谊党组织由支部升级为党总支。公私合营工作组由郑仲芳、潘启宇、计顺昌、张瑞芸组成。其中郑仲芳任党总支书记。

8月29日，英国工党代表团参观上海市医药工业公司公私合营信谊化学制药厂。

◎ 1955年

建立工段长和生产小组长负责现场生产管理的管理模式。

◎ 1956年

9月，信谊化学制药厂改革经理制，建立厂长制；建立主任工程师制，陈铭珊任第一任厂长。

1956年至1957年，8家小型制药厂、3家玻璃厂并入，信谊下设6个车间：针、片、酊膏、玻璃、橡胶、原料(化工)。

◎ 1957年

青年技术员刘海川发明双头割安瓿机，优于当时日本的单头割安瓿机，改变了手工割制的现状，属行业首创。

◎ 1958年

成立中心试验室，孙嘉麟任主任。

◎ 1958—1959年

技术革新频出，刘海川为主的技术人员设计创制安瓿处理机械化设备，从安瓿割、圆、洗、干全过程实现机械化，属行业首创。

◎ 1960年

2月，原料车间并入五洲制药厂；五洲制药厂眼药水车间并入信谊化学制药厂。

6月，信谊党组织建制由总支单位提升为党委单位。

◎ 1961年

接受市府下达的解决“酒石酸锑钾”质量问题的紧急

任务，以孙和德工程师为主的科技人员，在一个月内突击攻关，圆满完成，为全国范围消灭血吸虫病作出贡献。孙和德工程师获市府颁发的荣誉证书。

◎ 1962年

中国胶丸厂并入信谊。

◎ 1963年

信谊与昆明生物研究所合作，以尤春华、吴行芳、张怀志为主的生产技术人员，试制完成预防小儿麻痹症活菌疫苗的糖丸制剂，并成功投产。其药品稳定性超过当时国际水平，为我国有效预防小儿麻痹症作出贡献。

◎ 1963—1966年

刘海川等科技人员设计创制成功片剂黄圆瓶包装一条龙生产线，使工人们摆脱手工抄板操作法，解放了生产力，提高产品质量和产量，属行业首创。

技术人员唐惠德等设计创制洗瓶工序分段机械化，摆脱手工洗瓶状态。

技术人员樊庆云等设计创制针剂拉丝封口机械化工艺，属行业首创。

◎ 1965年

3月，信谊更换厂名，去除“化学”两字，全称为“上海医药工业公司公私合营信谊制药厂”。

5月，玻璃车间并入上海玻璃厂。至此信谊制药厂成为纯药物制剂厂。

◎ 1966年

成为“上海市对外开放单位”，1966年间接待外宾十余次：

4月16日，接待日本来宾；

4月24日，接待民主德国代表团；

6月25日，接待苏丹研究所；

6月26日，接待智利大学来宾；

6月29日，接待阿联酋、苏丹、黎巴嫩、叙利亚等五国代表团；

10月18日，接待几内亚妇女代表团；

10月26日，接待中日友协代表团；

11月10日，接待尼日利亚代表团等。

9月，公私合营信谊制药厂改名为“上海第七制药厂”。

◎ 1966—1967年

中灌封工段组长宋巧珍提议，将一人操作一台灌封机改为一人操作两台灌封机，并在中灌封实施成功，之后推广至大小灌封工段，打破了行业内一人一机的常规。

◎ 1967—1973年

1967年12月，创制成功填补国内空白的二相气雾剂。

以技术人员唐惠德为主设计创制“颗粒流态床沸腾干燥”新设备，将片剂颗粒生产的制粒、干燥、总混，工序用机械设施贯穿成龙，提高机械化程度，减轻体力劳动强度。

◎ 20世纪70年代

试制成功长效口服避孕片，为我国计划生育国策作出贡献。

1970年，创制成功的纸式剂型是当时世界上独一无二的药品剂型，为我们国家的膜剂、缓释贴片等新剂型开发打下了基础。

与军队合作开发军需药品，如冠参片、刺五加片等，此后连续开发了十多个中成药新药，并逐渐转为民用药品。冠参片、刺五加片等中成药一直生产投放市场至今。

◎ 1971年

3月11日至4月10日，阿尔及利亚医药考察组驻信谊考察近一个月，信谊得到多方肯定。

◎ 1974—1984年

1974年，工程师刘天富参加出国考察团，受国外制药设备技术启发，鼓励厂内自主仿制先进制药设备。1979年，研制成功“120设备”款；1984年，研制成功“拉丝封口”款、“洁净100级”款。所研制成功的设备，均用于日常生产，属国内首创。

◎ 1976年

6月19日，罗共中央委员、化工部部长米哈伊·弗罗雷斯库率罗马尼亚化工代表团7人来信谊参观。

◎ 1977年

9月26日，赤道几内亚马西埃总统率领的国家代表团一行20人，在时任人大副委员长阿沛·阿旺晋美和时任上海市革会副主任彭冲等同志陪同下参观信谊。

◎ 1978年

4月，被评为“大庆式企业”。

5月，创办“七·二一”大学，王春富任校党支部书记。

◎ 1979年

4月28日，联合国人口基金委员会访华团来信谊参观。

8月，借鉴国外制粒设备的原理，信谊与上海制药机械厂合作，第一台中国“一步法”制粒设备诞生，设备简称“120”。信谊为全国制药企业操作人员培训“一步法”。这是中国固体制剂制粒工艺的一次飞跃式突破。

9月11日，6个国家组成的拉丁美洲国家基层卫生组织考察组7人，来信谊学习考察。

10月16日，上海市医药管理局批准“第七制药厂”更名，恢复“信谊药厂”厂名和信谊商标。

11月，成立自销机构，命名为“业务推广组”。信谊开始尝试推广宣传和销售本厂药品。

◎ 1980年

上海制药机械三厂与信谊药厂联合设计试制成功FL-100型沸腾制粒机。

◎ 1981年

3月31日，“业务推广组”正式改组为销售科，至此，信谊药厂在计划经济运行的模式中，重新开启了工业企业自主营销的营运方式。

◎ 1982年

3月，负责组织落实国务院下达的在马达加斯加援建药厂项目，派出技术、管理人员组成专家团前往。

5月，朱洁声等技术人员设计试制成功铝塑泡罩简化包装机，简化包装工艺，生产能力每小时达15万片。

12月，由上海医药工业研究院、新华医院、信谊药厂联合研制的非手术绝育药物“复方苯酚糊剂”获国家发明三等奖。

◎ 1983年

3月，厂部新设援外组，负责马达加斯加援建药厂的国内联络支持工作。

10月，总工程师许承栋率领科研工程师王国耀、鲍忠芸等，运用缓释新技术，研制成功茶碱缓释片。

◎ 1984年

与上海医工院在针剂车间合作试验，建立了灌封洁净100级区域，对之后贯彻GMP具有实际意义。

“安瓿针剂拉丝封口装置”荣获上海市重大科技成果三等奖。

◎ 1985年

3月，试行厂长负责制。

6月，成为上海市第一家通过药品生产管理规范验收合格的单位，获上海市001号GMP生产许可证和合格证。

8月，与《最优化报》合作成立康复杂志社，时任厂长邵锡阳成为康复杂志社副社长兼记者。1986年1月出刊首期。

11月7日，鲍国昌携夫人杨玉清及儿子回到信谊药厂参观，并捐款人民币30万元作为建造职工住房之用。

12月，设计试制成功KT2型、HMG型系列快速混和制粒器，将传统制粒、混合制粒工序合二为一,每批物料只需10分钟即可完成制粒,生产在密闭容器内进行。PL—3型纸膜包装机荣获“国家科技进步二等奖”。

◎ 1986年

8月，在上海医药局组织的质量大检查中，被评为制剂厂中的第一名。

与上海制药机械四厂联合设计试制成功JS80-4型药膜剂

制膜包装机，制膜、包装一次完成。此机适用于抗癌、激素等有毒性反应的药物生产，劳动保护条件得到进一步改善。

◎ 1987年

与奉贤星火农场合作成立信谊一分厂（即上海信谊康捷药业有限公司前身），共同开发生产冠参片等片剂为主的药品。

与金山县朱泾镇合作成立信谊二分厂（即上海信谊金朱药业有限公司前身），共同开发生产针剂为主的药品，为信谊之后注射剂生产的扩大和发展立下了根基。

以刘海川为首的科技人员，设计试制成功安瓿用制盒印字包装机，该机创造了一种自动装盒的新形式，为包装自动化创造了条件。

试制成功并生产硬胶囊产品。

◎ 1988年

1月12日，茶碱缓释片荣获“第六届上海市医药产品应用推广会参展产品包装评比”二等奖。

1月21日，被评为“国家级先进单位”。

4月20日，获得国家医药总局认定的“技术管理先进奖”。

5月21日，“富尔康”荣获“熊猫杯”全国营养食品研评会金奖；“好力生”可乐同时荣获铜奖。

6月，升级为国家二级企业。

8月，成立信谊经营服务部，获准设立药柜，开始零售本厂药品及其他药品。

◎ 1989年

12月21日，“复方磺胺甲基异恶唑”片（复方SMZ）被评为1989年度国家医药局优质产品。

12月30日，获上海市第一家企业定价合格证。

◎ 1990年

试制、投产成功“舒喘灵”三相混悬型气雾剂，填补国家气雾剂药品新技术上的空白。

9月24日，成立外经科，开辟计划经济的药品外销模式。

◎ 1991—1997年

快速抢仿了一批适合市场需求的、国内首创或先进的新品，如“信法丁”针、片，“地尔硫唑”缓释片，“优哒灵”片，“银杏叶”片，“胆维丁”乳等等。其中“信法丁”注射剂填补国际空白，“地尔硫唑”缓释片获“国家进步二等奖”。

◎ 1991年

1月，按年销售收入评估排列出1989年度上海最大200家企业，上药系统5家企业在列。其中信谊药厂排位第100位。

◎ 1992年

1月27日，新乳制剂产品“英康利”（“胆维丁”乳）

获得发明专利证书。

3月，签订“舒喘灵”混悬型气雾剂出口古巴的7000万元人民币合同，这是信谊有史以来金额最大的单一制剂品种出口南美国家的订单。

6月，《化学医药信息》1992年第6期发布，我国医药行业80家重点企业1991年劳动生产率排序表显示，上海信谊药厂名列榜首，其劳动生产率为130357元/人/年。

6月23日，与香港天安中国投资有限公司，合资成立上海信谊药业有限公司的申请正式获得上海市政府的批准。

6月25日，获上级批准，上海信谊药业有限公司注册地由四川北路71号改至浦东上川路顾家宅1-1号（即目前的唐陆路789号）。

8月7日，与香港天安集团合资成立的上海信谊药业有限公司获工商批准注册。

11月，浦东金桥出口加工开发区11号地块动土，信谊正式开始现代化制药厂的建设。金桥新厂投资12912万元，于1995年12月建成。

12月，与嘉定朱桥乡合作，获工商注册建立信谊嘉定分厂（即上海信谊嘉华药业有限公司前身）。

◎ 1993年

10月，在时任信谊药业总经理刘芧舫的主持下，为培菲康一个产品建立一个车间，命名为四车间，即培菲康车间。突破了1965年以来三个生产车间的格局，并实现从原料到制剂一体化生产零的突破。

11月，成立多个三产公司：信谊科工贸公司、信谊实业公司等。

12月，信谊嘉定分厂建设竣工，主要生产中西药固体制剂。

12月底，信谊引进英国COLORCON卡乐康公司的薄膜包衣合作事项，开启薄膜包衣替代糖衣的尝试。通过片剂车间领导科技人员莫年令和试制人员全丽芳等干部员工的反复研制，薄膜包衣产品首创上市。

◎ 1994年

4月，经以陈彬华工程师为主的科技人员多年开发研制，国家一类生物制剂“双歧杆菌三联活菌制剂（以下均称：培菲康）”成功投产上市。

5月，与崇明长征农场合作成立上海信谊长征分厂（即上海信谊百路达药业有限公司的前身）。

◎ 1995年

3月，“培菲康”获得上海市经委颁发的“上海市优秀新产品一等奖”荣誉。

11月22日，“培菲康”获得上海市科学技术进步奖评审委员会颁发的“上海市科学技术进步奖”（获奖号951012）。

12月21日，上海信谊药业有限公司与德国勃林格殷格翰药业合资成立上海勃林格殷格翰信谊药业有限公司，投资总额2500万美元，注册资本为1000万美元，成林兴任该合资公司中方副总经理。

◎ 1996年

2月，完成信谊药业合资厂的厂房建设，接受GMP认证，并获准启用金桥新厂。

4月，固体制剂车间整体迁入金桥新厂；液体制剂（针剂、气雾剂、眼药水）、培菲康车间继续留在四川北路71号老厂房生产。

4月16日，金桥新厂固体制剂车间试生产投产成功。

4月27日，时任国家主席江泽民视察了金桥新厂，一行陪同的有温家宝、黄菊、曾庆红等领导同志。

6月，信谊药业总部搬迁至金桥新厂。

8月，“银黄含片”获得国家经济贸易委员会颁发的“国家级新产品”荣誉。

9月25日，全体员工同南京路上“好八连”官兵在金挢新厂举行了“迎国庆，升国旗”仪式。

◎ 1997年

7月18日，成立市场部，由总经理直接领导。

7月25日，上海信谊长征分厂改制为上海信谊百路达药业有限公司。注册资本1600万元。

9月13日，信谊药业撤销原营销公司机构，分别成立市场部、销售部、外贸部和培菲康公司。

9月，信谊药业劳动人事科更名为人力资源部。

12月23日，“上海勃林格殷格翰信谊药业有限公司”更名为“上海勃林格殷格翰药业有限公司”。

获批在金桥新厂扩建新培菲康车间，并成立GMP认证领导小组。

◎ 1998年

4月，“利巴韦林气雾剂”获得了上海市经委颁发的“上海市优秀新产品”荣誉。

5月，信谊一分厂改制为上海信谊康捷药业有限公司，注册资本500万人民币。

6月，信谊药业培菲康车间从四川北路71号老厂搬迁至金桥新厂。

9月17日，培菲康车间在中国多个微生态制剂企业中率先通过了药品GMP认证。

9月，产品“利巴韦林气雾剂”被评为1998年度国家级新产品。

10月，“培菲康”在美国FDA生物制品评审中心通过了初审，这是该组织受理的首例国际微生态药品新药申请，也是大陆第一个被美国FDA接受的西药制剂。

11月，“培菲康”、“信可舒”、“百路达”三个产品，荣获1998年度上海名牌产品称号。

12月，信谊各三产公司分而治之的方案提出，并于1999年全部实现。

① 信谊科工贸公司划分予技术部，有利于研究所的新品尽早产业化、市场化。

② 信谊实业公司划分予生产部，以此为基础成立采购中心。

③ 成立信谊大药房：改制经营服务部、科工贸公司和实业公司中的药柜，与各三产公司分离，以经营服务部的天潼路500号地址注册申请成立信谊大药房，并建立信谊大药房三家连锁店。

12月，嘉定分厂改制为上海信谊嘉华药业有限公司。

12月，信谊二分厂改制为上海信谊金朱药业有限公司，注册资本1008万元。

◎ 1999年

3月30日，信谊药业将所持有的上海勃林格殷格翰10%的股权转让给德国勃林格殷格翰国际有限公司。

4月15日，原荷兰女王贝娅特丽克丝陛下一行专程来到信谊参观访问。

5月29日，改进型培菲康被认定为上海市高新技术成果转化项目，并享受有关优惠政策。

6月3日，玻利维亚民族主义民主行动党代表团一行前来信谊参观访问。

6月9日，荣获1998年度“上海市设备管理优秀企业”称号。

6月18日，创立全市性的“万人看浦东、看信谊”的大型公益活动。

6月，“培菲康”被认定为高新技术成果，取得了国家重点新产品证书。

6月，被上海市质量管理协会评为“上海市全面质量管理先进单位”。

10月13日，原汤加国王图普四世携王后一行在时任副市长左焕琛的陪同下，来信谊参观访问。

10月21日，信谊金桥的注册地址由浦东金桥信谊路1号，更改为上海市浦东新区新金桥路905号。

11月1日，原南斯拉夫塞尔维亚共和国副总理米洛·博伊奇等一行五人参观信谊。

11月20日，原孟加拉国卫生与家庭福利部部长萨拉哈·优素福一行参观信谊。

11月，固体制剂车间一举通过了GMP认证，使得金桥新厂成为国企和国企控股的第一家全面通过GMP认证的企业。

11月30日，通过诉讼，收回已由久和公司改造为商务大楼的原江西北路55号仓库大楼，同时筹备组建信谊物业管理有限公司。

12月，荣获“1999年度上海市建设工业新高地”，“争先创优活动优秀企业”。

12月，“培菲康”、“信可舒”、“信法丁”、“优哒灵”、“百路达”被上海市名牌产品推荐委员会推荐为“1999年度上海市名牌产品”。

12月30日，投资1053.3万元控股组建上海信谊联合医药药材有限公司。

◎ 2000年

2月28日，上海信谊物业管理有限公司成立，管理经营天潼路528号商办大楼，即原信谊江西北路55号仓库大楼。

3月14日，创始人霞飞博士的外孙——美国哈佛大学医学院副院长Thomas Fox博士携夫人等来信谊“寻根访祖”。

3月27日，刚果共和国总统德尼·萨苏·恩格一行65人，来信谊参观。

5月10日，被市工业党委和市经委评为“第三届（1998—1999年度）上海市最佳工业企业形象单位”。

6月1日，1999年上海名牌产品100强揭晓，信谊榜上有名。

7月21日，与河南郑州众生实业（集团）有限公司签约成立河南信谊众生医药有限公司。

7月，上海市工业党委、市经委、市总工会召开了“建设上海工业新高地”立功竞赛命名表彰大会，信谊获优胜企业称号。

9月，“培菲康延长有效期项目”荣获上海市经济委员会、上海市质量技术监督局颁发的“1999年度上海市重点产品质量攻关成果奖”。

12月，上海信谊嘉华药业有限公司通过GMP认证。

12月，上海信谊天一药业有限公司完成工商注册，正式成立。专业销售信谊以及信谊之外的药品。

◎ 2001年

1月8日，上海市工商管理局局长、浦东新区工商管理局局长为信谊荣获“上海市著名商标”授牌。培菲康、信可舒、信法丁、优哒灵、复方降压片荣获新世纪首批“上海市名牌产品100强”。

2月，成立信谊重庆东方药业，时任国家领导人吴邦国亲临视察。

5月14日，原克罗地亚卫生部长鲁卡维娜博士率卫生代表团一行6人参观了信谊药业。

5月16日，原乌干达国家药品管理局主席威廉·恩甘沃博士一行3人参观考察了信谊。

6月，上海信谊百路达药业片剂、胶囊车间及中药提成车间顺利通过了GMP认证。

6月，成立项目管理部，统管信谊范围内所有子公司的董事会，以及向外省市拓展的工作。

6月26日，与意大利Bracco（博莱科）公司签定了合资合同，投资总额为1000万美元，其中注册资本为700万美元。

8月，成立营销管理科，统筹信谊生产经营的协调和管理。

8月，成立工程项目管理办公室，审核管理信谊范围所有工程建设。

10月，信谊药业TQC小组被中国质量管理协会、中华全国总工会、共青团中央和中国科学技术委员会命名为“2001年全国优秀质量管理小组”。

10月，管理成果《以人为本，全面推行<药品生产质量管理规范>（GMP）管理》，被评为“2001年上海市企业管理现代化创新成果三等奖”。

10月，信谊金朱药业大容量注射剂、小容量注射剂、滴眼剂、滴耳剂、滴鼻剂、口服液全部6条生产线通过国家SDA认证。

11月，“培菲康”获得美国专利证书。

11月，上海信谊金朱药业有限公司通过GMP认证。

11月27日，“培菲康”获得了“2001年上海国际工业博览会铜奖”。

11月29日，由浦东新区社会发展局，市慈善基金会浦东新区办事处和上海信谊药业有限公司等共同投资的国内首家由社会参与管理的慈善医疗机构——信谊慈善医院在浦东新区诞生。

12月，与意大利博莱科公司合资组建“上海博莱科信谊药业有限责任公司”，共同致力于非离子造影剂的开拓。

12月，集成药厂并入信谊。

12月20日，全球顶尖营销顾问公司科特勒营销集团总裁米尔顿·科特勒访问信谊。

12月30日，培菲康、信法丁、优哒灵、信可舒、百路达、氟康坐、信利妥及复方降压片被评为“上海市名牌产品”。

◎ 2002年

1月，上药集团发文成立信谊大药厂，下属企业包括信谊药厂、延安药厂、集成药厂。

1月9日，信谊药厂与上海延安制药厂合并，合并后的企业名称为信谊药厂。上海延安制药厂于2002年7月11日注销。

3月，成立山西·上海信谊制药有限公司。

3月27日，上海市药品监督管理局同意上海信谊药业有限公司正式启用气雾剂车间。

4月，成立江苏信谊金康药业有限公司。

4月，上海信谊康捷药业有限公司、上海信谊药业有限公司气雾剂车间通过GMP认证。

4月5日，与上海信谊联合医药药材有限公司共同组建上海信谊大药房连锁经营有限公司。

6月，上海信谊天一药业有限公司实行了商、医分离的操作模式，形成了医院直供和商业销售两大板块，为做大医院直供业务打下了良好的基础的同时，在上海各学科建立了广泛而坚实的专家网络。

7月15日，原古巴药品局局长佩雷斯博士和药品局生物司司长罗朗多博士，在国家药品监督局领导的陪同下来信谊药业公司参观。

9月17日，原法国Alsace省经贸局局长Mr.Simon等一行访问信谊。

11月11日，应国家药品监督管理局邀请，原越南药品管理局局长TranCongKy一行6人专程到信谊参观访问。

12月6日，上海延安医药有限公司名称变更为“上海信谊培菲康医药有限公司”。

12月，上海信谊联合医药药材有限公司员工樊水玉光荣当选为第十届全国人大代表。

12月，上药集团颁发沪药办（2002）332号文：原“信谊大药厂”正式定名为“信谊药厂”。

◎ 2003年

1月，上海第一生化药业有限公司、上海黄河药厂划归信谊。

1月，上海九福药业有限公司更名为上海医药（集团）有限公司信谊制药二厂。

1月，上海第一生化药业有限公司小水针剂通过GMP

认证。

3月31日，上海医药（集团）有限公司的组织结构进行了调整，对100多家企业进行重组，形成4+1的结构，4个事业部（处方药、抗生素、中药与OTC、原料药）和1个上市公司，信谊即称：上药集团处方药事业部。

5月1日，处方药事业部借助网上银行优势，变分散资金管理为集中资金管理，成立结算中心。

5月，“非典”期间，在短短的10天内，利巴韦林气雾剂的日产量从原来的2000瓶突破到6万瓶，被瑞士商学院列入了EMBA的成功案例。

5月8日，时任上海市政协主席蒋以任，副主席宋仪桥、黄跃金、王生洪、谢丽娟、左焕琛、俞云波、黄关从、王荣华、王新奎，秘书长吴汉民等一行，在时任市经委副主任俞国生、秘书长孙环葆的陪同下，专程来到信谊药业慰问生产一线的干部和员工，并查看防治非典药品的生产情况。

6月，“利巴韦林气雾剂”获得发明专利证书。

7月9日，上海谊林胶囊有限公司名称变更为“上海信谊延安药业有限公司”。

7月，博莱科信谊药业通过GMP认证。

7月，上海信谊药业有限公司由沪港合资企业改制为国有全资企业，更名为“上药集团信谊制药总厂”，属非法人单位。

8月12日，时任上海市委副书记、市委组织部长王安顺专程到信谊调研党建工作。

8月，“万人看浦东、看信谊”活动的参观数突破10万人，活动正式改称为“百万市民看浦东、看信谊”。

8月，处方药事业部根据产品的不同治疗领域，组建了8大品牌公司：消化道、心血管、气雾剂、抗结核，皮肤科、维生素、内分泌、眼药水。

9月16日，时任全国人大常委会副委员长路甬祥等一行，视察了上药集团信谊制药总厂。

10月，信谊“培菲康”获得“上海市创造发明专利一等奖”。

10月29日，上药集团有限公司信谊制药二厂揭牌。

11月，处方药事业部采购中心成立，承担事业部下属各工业子公司的原辅料采购任务。

12月12日，原泰国副总理扎得隆及其夫人古拉蓬等一行，参观了信谊制药总厂。

12月29日，上海延安万象股份有限公司更名为“上海信谊万象药业股份有限公司”。

上药集团处方药事业部14项产品被评为2003年上海名牌产品，包括：培菲康、信可舒、信法丁、优哒灵、复方降压片（现为复方利血平片）、氟康坐片，信利妥眼药水、尼莫地平片、银杏叶胶囊、活力钙、恬尔心、泰尔丝、法莫替丁胶囊、维生素E胶囊。

◎ 2004年

1月10日，上药集团信谊制药总厂获得由上海市慈善基金会、市精神文明建设委员会办公室颁发的上海市首届“慈善之星”称号。

1月19日，信谊集成滴眼液生产基地在上海闸北区奠基动工，总建筑面积8627平方米。

2月24日至25日，上海信谊培菲康公司通过GSP认证。

2月，上海信谊万象药业股份有限公司青浦片剂车间通过GMP认证。

3月19日，随着固体制剂车间通过GMP认证，上海信谊万象药业股份有限公司所有剂型都通过了国家SFDA的GMP认证。

3月，信谊获得上海市工商行政管理局颁发的“上海市著名商标”荣誉。

4月，信谊江苏金康药业有限公司通过GMP认证。

4月15日，信谊消化道专家顾问委员会在沪成立，信谊开始学术品牌推广的国际化概念。

4月27日，信谊大药房连锁公司获GSP认证证书。

5月15日，在以“科技以人为本，全面建设小康”为主题的全国科技活动周开幕式上海分会场上，上药集团信谊制药总厂被评为“市科普示范企业”，时任副市长严隽琪颁奖。

6月6日，上海博莱科信谊药业有限公司在浦东金桥出口加工区内正式投产。

7月至8月，上药集团处方药事业部，参加由上海市食品药品监督管理局组织的“援青扶贫药品捐赠活动”。此次共捐赠安乃近、甲硝唑、妇康等近20多种药品，价值达30多万元。

10月10日，上药集团信谊制药二厂下属上海福得瑞药业有限公司更名为上海信谊九福药业有限公司。

10月13日，信谊举行建厂80周年庆典活动。创始人鲍国昌的夫人杨玉清、创始人霞飞博士的外孙美国哈佛医学院副院长Thomas Fox等各级领导、中外来宾近200人、千余名员工参加了庆典。时任市政协主席蒋以任致信祝贺。

11月24日，成立上海医药集团信谊洋浦有限公司，注册资本100万人民币。

12月13至14日，上药集团信谊制药总厂培菲康车间顺利通过GMP 5年复认证。

12月，上海第一生化药业有限公司的生化药物玻璃酸酶通过了美国FDA认证，为该产品今后出口欧美市场打下了良好基础，同时也标志着我国第一个生化制品药物玻璃酸酶将可以进入美国市场。

◎ 2005年

3月，上海信谊金朱药业有限公司再一次通过乌干达国家卫生部的cGMP认证。

3月28日，上药集团信谊制药总厂肿瘤专线顺利通过GMP认证。

5月1日，上海信谊联合医药药材有限公司营业员樊水玉荣获“2005年全国劳动模范和先进工作者”。

5月11日，上海信谊培菲康医药有限公司名称变更为“上海信谊医药有限公司”，成为一家全国化专业化的终端销售公司。

7月28日，上药集团处方药事业部决定恢复信谊药厂药证，将集成药厂药证更名为信谊药厂，同时注销集成药厂的药证（药品生产许可证）。

11月，上药集团信谊制药总厂被评为上海市（2003—2004年度）文明行业、规范服务达标行业、文明单位。

◎ 2006年

1月1日，信谊培菲康俱乐部成立。

6月，全国人口和计划生育科学技术大会在京举行。上海信谊康捷药业有限公司荣获“全国人口和计划生育科技工作先进集体”。

6月，“利巴韦林气雾剂”获得了上海市经委、上海市财政局、上海市知识产权局联合颁发的“上海市专利新产品”荣誉。

11月27日，“甲磺酸帕珠沙星注射液”和“甲磺酸帕珠沙星氯化钠注射液”通过国家药监局新药专项检查。

12月11日，上海市知识产权示范企业创建工作交流会在科学会堂举行，信谊取得“上海市知识产权示范企业”资格。

12月，上药集团信谊制药总厂获得由中华全国总工会颁发的2005年度“全国模范职工之家”荣誉。

◎ 2007年

1月，信谊获得上海市工商行政管理局颁发的“上海市著名商标”荣誉。

2月，信谊培菲康俱乐部会员人数突破10000人。

4月4日，上药集团信谊制药总厂气雾剂车间顺利通过GMP 5年复验证检查。

11月，获得由市政府首次向企业颁发自主出口品牌证书，信谊、雷氏等39个品牌获得“上海市自主品牌”称号。

◎ 2008年

1月，“妥布霉素滴眼液”获得了上海市经委、上海市财政局、上海市知识产权局联合颁发的“上海市专利新产品”荣誉。

3月，上药集团信谊制药二厂ERP项目入围国家“重大新药创制”科技重大专项。

4月8日，培菲康、信可舒、胰岛素注射液、注射用水溶性维生素、牡蛎碳酸钙、恬尔心等32个产品以及上海信谊百路达药业有限公司的银杏叶胶囊等产品，荣获“2007年度上海市名牌产品”称号。

5月9日，信谊技术中心被认定为上海市企业技术中心。

9月24日，召开“首届文汇—信谊卫生高层论坛”。本次论坛的主题为:探讨国家基本药物政策及中国医药产业政策。

9月26日，上海第一生化药业有限公司启动中国最大冻干粉针剂车间项目。此项目投资1.2亿元人民币，建成后的项目面积达7917平方米。

11月25日，信谊正式被认定为高新技术企业，并取得高新技术企业证书（证书号：GR200831000619）。

11月27日，“百万市民看浦东、看信谊”大型公益活动引来了上海新闻综合频道《新闻坊》栏目的专题采访。

12月3日，首届“读报养生送健康，信谊日日伴您行”——《文汇报》赠报仪式举行。

2008年年底，信谊“培菲康”销售额突破1个亿。

◎ 2009年

1月16日，“盐酸二甲双胍”片得到美国FDA的ANDA正式受理的通知。

3月10日上午，时任上海市市委副书记殷一璀、副市长沈晓明及市委副秘书长姜樑、市科委副主任徐祖信等一行，来到信谊视察工作。

4月8日，上海世博局认定信谊作为“世博和谐之旅”合作伙伴。

4月，上海信谊药厂有限公司改制设立，信谊作为独立法人重回实体建制,由顾浩亮任总经理。6月26日，上海信谊药厂有限公司改制设立揭牌仪式隆重举行，沪上各强媒纷纷到场采访报道。

5月，上海信谊药厂有限公司旗下各公司一次性通过8个GMP认证、2个GSP认证及1个cGMP认证。

8月，经上药集团第三届董事会第六次会议决议，上药集团处方药事业部被撤销，其所辖上海信谊药厂有限公司及上海第一生化药业有限公司纳入集团直接管理，一生化从信谊分离。

8月10日，上药集团信谊制药总厂更名为上海信谊药厂有限公司制药总厂。

8月21日，妥布霉素滴眼液、西替伪麻缓释片，2个产品获得“上海市自主创新产品”荣誉。

9月，上医股份华氏工业正式由上海信谊药厂有限公司托管。同时，上海福达制药有限公司由上海信谊金朱药业有限公司托管。

9月23日，国内首部记录医学大师的系列记录片——

《名医大家》举行开拍仪式。信谊为独家赞助商。

10月7日，上海信谊药厂有限公司制药总厂接受美国FDA cGMP检查，顺利通过认证。

11月23日，“睿智传承·激情创新——信谊建厂85周年庆典主题晚会”隆重举行。千名员工齐聚一堂，共庆信谊建厂85周年。

◎ 2010年

改版后的信谊官网（http://www.sinepharm.com）正式开通。新网站融入了信谊“惊鸿一瞥”的VI设计视觉元素。分“百年信谊”、“新闻中心”、“社会责任”等6个主模块，全方位展现了信谊的历史沿革和发展变化。

1月28日，上海信谊药厂有限公司微生态制品研究中心正式挂牌成立，依托应用基础研究基地、产业化研究基地、临床研究基地，力求开发系列新品、优化现有工艺、扩大产业成果，积极响应上海市发展9大高新产业之一——

生物医药产业的战略要求。

2月25日，上海华氏制药有限公司更名为“上海信谊天平药业有限公司”。

3月6日，时任上海信谊药厂有限公司董事长的徐国雄先生荣获“上海领军人才”称号，并将所获10万元专项奖励用于信谊“见习经理后备人才队伍培训项目”。

3月8日，“信谊号”浦江游船首航，百年品牌耀世博。

3月，“雷贝拉唑钠肠溶片”获得了上海市科委颁发的“上海市重点新产品”荣誉。

7月30日，市委、市政府召开国家技术创新工程上海市试点工作推进大会，信谊获得“上海市创新型企业”荣誉称号。

10月30日，原尼泊尔总统拉姆巴兰·亚达夫等参观信谊。

◎ 2011年

1月5日，“长双歧杆菌”、“乳杆菌”、“粪肠球菌”菌株被选为国家标准菌种，并由中国医学细菌保藏管理中心颁发证书。

3月1日，“培菲康”被审定为第十五批上海市著名商标。

3月10日，上海信谊药厂有限公司“全国战略”领导小组及调研工作小组成立，顾浩亮任领导小组组长，潘德青任副组长。

7月14日，决定上海华氏亚太生物制药有限公司由上海信谊万象药业股份有限公司直接托管经营。

7月15日，决定上海信谊药厂有限公司滴眼液分公司由上海信谊药厂有限公司制药总厂直接托管经营。

9月15日，“新上药打造老品牌·大信谊进军零售业”启动仪式举行。

10月20日，上海信谊药厂有限公司正式通过高新技术企业复审，并取得高新技术企业证书（证书号：GF201131000405）。

11月，上海信谊天平药业有限公司吸收合并上海信谊嘉华药业有限公司和上海信谊康捷药业有限公司。

11月21日，成立上海信谊药厂有限公司OTC分公司，文彬担任总经理。

12月3日，首个企业内部员工BBS论坛——信谊家园（bbs.sinepharm.com）正式开通。

12月31日，培菲康、雷贝拉唑钠肠溶片等11个产品获得上海市名牌推荐委员会颁发的“上海名牌”荣誉。

◎ 2012年

1月15日，以信谊百年发展史为蓝本的小说《大药商》在上海书城进行首发仪式。上海市国资委秘书长马咏华等出席发布仪式。该书入选2010年上海市重大文艺创作项目。

6月26日，与山东平原药厂的上级主管平原县政府签订《战略合作框架协议》。

10月，荣获“2012年上海市企业文化示范基地”称号。

10月，为配合市政规划，上海信谊嘉华药业有限公司撤销法人，全面完成委托生产、产品转移、人员分流处置等工作。

10月11日，液体制剂制造基地（上海信谊金朱药业有限公司）扩建项目正式奠基。

11月，“百万市民看浦东、看信谊”活动持续创新，组建信谊健康俱乐部，聘请50位民间“培菲康健康大使”，并获市科委资金支持。

11月26日，成立信谊金桥基地项目专项小组。全力推进金桥基地改扩建项目。

11月21日，获得由上海市生物医药行业协会颁发的“上海市生物医药行业成长企业奖”。

12月，“培菲康”系列产品销售规模达3亿元人民币。

12月，双歧杆菌三联活菌制剂规模生产技术的重大革新及治疗肠屏障损伤研究项目获得由上海市药学会颁发的“上海药学科技奖三等奖”。

12月，信谊获得上海市科委资助项目，获资助款260万元。完成专利申报9项，获得授权8项，获专项资助5682万元。完成“培菲康”胶囊加拿大Ⅰ期临床申报；完成“培多普利片”英国批文的收购。

12月，上海福达制药有限公司划归上海信谊药厂有限公司直接管理。

12月，获得上海“创新型企业”荣誉。

12月30日，“利巴韦林气雾剂”等16个产品获得上海医药行业协会颁发的“2012年度上海医药行业名优产品”荣誉。

◎ 2013年

1月，上海信谊药厂有限公司党委被上海市国资委党委评为“红旗党组织”荣誉称号。

1月16日，顺利通过UNIDO（联合国工业发展组织）吸入式气雾剂核查。

1月23日,上海信谊天平药业有限公司获得新版药品GMP认证。证书SH20130003。

4月18日，顾浩亮总经理荣获“首届浦东年度经济人物”称号。

4月，与山东省平原制药厂合资成立了山东信谊制药有限公司。5月25日，在山东平原举行奠基仪式。

5月18日，“2013年中国·上海浦东首届科普微电影大赛颁奖典礼”上，信谊的微电影《幸福，无须拥有太多》获此电影大赛的“最佳剧本奖”。

5月24日，上海信谊药厂有限公司制药总厂培菲康车间获得新版GMP证书。

5月30日，信谊固体制剂国际化OEM天平基地奠基。

6月1日起，仓储管理系统（warehouse management system），简称“WMS系统”，正式上线运行。

9月，获得由中国医药企业协会颁发的“2013中国医药行业十大最具成长性品牌企业”。

9月，获得由中国医药企业协会颁发的“2013中国医药行业质量管理先进单位”。

10月28日，上海信谊药厂有限公司制药总厂固体制剂车间和气雾剂车间获得了新版GMP证书。

11月，获中国化学制药企业“工业企业综合实力百强”荣誉称号。

11月，获上海市科学技术委员会国有资产监督管理、上海市总工会、上海市知识产权局、张江高科技技术产业管理委员会“创新型企业”荣誉称号。

11月，荣获2012年度的资信等级AAA。

12月，荣获“培菲康”临床及产业化研究2012上海市药学会科技进步三等奖。

12月，“培菲康”获年度中国化学制药企业“消化系统类产品品牌十强”，“上海市名牌产品”。

12月，“信谊365成长计划”荣获“上海市企业管理现代化创新成果”三等奖。

12月，“百万市民看浦东、看信谊活动”获上海市科学技术委员会颁发的2012年度“科普教育基地考核优良级资质奖”。

12月，经统计，信谊注册商标达165个（其中国外注册商标4个），形成了信谊宝贵独特的品牌价值。

◎ 2014年

5月，利巴韦林气雾剂HFA替代研究工作历时2年。终获得生产批文。

6月30日，新建项目——“信谊梦工厂”正式开工。顾浩亮总经理提出：“信谊梦工厂”要承载“百年信谊，百亿规模”历史使命，和复兴民族医药产业的梦想。

9月，获得由上海科技企业创新奖评审委员会、上海市科技企业联合会联合颁发的“第七届熊猫杯上海科技企业创新奖”荣誉。

10月23日，通过高新技术企业再认定，并取得高新技术企业证书(证书号：GF201431001908)。连续3次成功获得高新技术企业资质，进一步提升了信谊的品牌形象。

11月，通过国家火炬计划重点高新技术企业评选，并取得国家火炬计划重点高新技术企业证书（证书号：No.GZ20143100022，批准文号国科火字[2014]261号）。

12月24日，“信谊梦工厂”微生态大楼结构封顶。

◎ 2015年

2月9日至10日，国家两化融合评审专家组入驻信谊现场评审，信谊顺利完成两化融合评审组现场评定。

6月9日，上海市益生菌创新药物工程技术研究中心(筹)启动会暨揭牌仪式于金桥基地举行。

6月26日，由信谊独家冠名的“首届信谊·仁心医者医护评选颁奖典礼”隆重举行。

7月27日至7月31日，上海信谊药厂有限公司制药总厂迎来美国FDA第三次对盐酸二甲双胍片500mg的cGMP认证，此次cGMP认证是信谊国际化认证道路中的重要里程碑。

9月11日，上药信谊携手浦东新区少数民族联合会金桥分会举办少数民族文化展示活动。信谊作为百年民族医药企业，在参与金桥开发区经济建设中体现自身经济价值的同时，也为开发区经济和社会建设发展发挥了积极作用。

11月7日，上药信谊为“雪龙号”南极科考队员们送去明星产品培菲康，伴其顺利起航。

11月18日，上药信谊依托“百万市民看浦东、看信谊”公益活动平台，为即将到来的百年纪念积蓄正能量，结合培菲康上市20周年，与百名会员一起举行纪念活动。

◎ 2016年

3月，上药信谊向美国菌种保藏中心（ATCC）提交的双歧杆菌保藏申请得到批准，获得菌种编号ATCC® BAA-2753™，成为国内首个入选ATCC的双歧杆菌菌种。

3月9日，上海信谊万象药业股份有限公司“于昊技师创新工作室”入选首批上海市技师创新工作室。

4月，上海上药信谊药厂有限公司荣获“上海市五一劳动奖状”。

4月20日，上药信谊出品的《安全用药一小步，健康生活一大步》科普公益片在300多部参赛作品中脱颖而出，成为中国·浦东第三届科普微电影大赛的10部入围作品之一。

7月16日，“同济大学—上药信谊微生态临床研究与诊治中心”正式揭牌。

10月15日，《信·谊——从百年品牌发展历程看西药的中国式成长》定稿，由上海人民出版社公开出版发行，为百年信谊献礼。

C E N T U R Y B R A N D

鸣谢

以姓氏笔画排序

王开月
王月珍
王文琪
王利恩
王迎恩
王佩蓉
王春梅
王玲敏
王福祥
支国琴
仇仲清
仇明祺
方克昌
方秀菊
计美虹
厉和平
石永平
卢传伟
成林兴
朱小芳
朱洁琼
刘天富
刘芋舫
刘建敏
刘海川
刘皓明
江曼华
许承栋
孙介玉
孙和德
孙庭芳
孙淑华
孙嘉麟
孙慧志
严长生
李　敏
李德滋
杨培健
余明阳
谷佳丽
宋　丹
宋巧珍
张永壬
张怀志
张明莉
张信琼
张莲云
张爱琴
张瑞芸
张懿萍
陆兰娣
陆建国
陆培康
陈风助
陈文华
陈文潮
陈古月
陈光华
陈军力
陈秀华
陈宗信
陈桂英
陈彬华
陈舜一
陈聚洪
邵隆图
邵锡阳
范义钧
范生发
林宝琴
金伟乐
金伯承
赵文娟
赵延海
赵秀棉
哈成霞
俞宏钦
施介生
莫年令
莫漱薇
夏定敏
顾宝娣
徐　敏
徐利纳
徐林青
徐佳雯
徐雪琴
徐勰群
奚士锡
唐惠德
诸秋燕
陶友之
陶菊仙
黄月琴
黄菊琴
黄锡珍
康本雷
逯　乐
彭　波
葛莉萌
葛婷霞
鲁明玉
虞江勋
詹卫萍
蔡菊琴
樊水玉
潘德青
糜才福

上海市档案馆
上海市图书馆
上海民建委员会
上海市瑞金医院
永嘉路街道
石门一路街道
永嘉路派出所
巨鹿路派出所
静安区老年大学
张家宅居委会

《信·谊》的编辑出版，要感谢很多人辛勤无私地付出，他们在这本书里倾注了对信谊满满的爱和他们对信谊未来的最真诚、最美好的祝福，感谢你们……

CENTURY BRAND

后记

《信 · 谊》定稿了，时间已到2016年的金秋，100年，历史的一瞬，对于一家仍然蓬勃发展的企业来讲，100年来，她始终在那里，做着同样的事业，依旧带着一脉相传的还能让人感知得到的那些信念，这就有些让人感动，有点伟大的意思了。

当然，现存于世上最长寿的企业不在中国，中国最长寿的企业也不是信谊，每个基业长青的企业定有各自的精彩和不凡，只是，我们恰好遇到了信谊，并对她产生了热爱，我们缘于这种内心的情感去探究她以往走过的岁月，追寻那些经过她且深刻影响她的人们，也是因为这种热爱，我们希冀她永葆青春，在过往的辉煌历史中找到更多的未来发展的自信，从而拥有更多的光辉岁月，为国人，甚至说所有的，能享用她福祉的人们带来健康和幸福，我们甚至有这样的期待，那就是始终和她在一起，并连同我们本身也融入她的未来，这种未来也将成为下一个百年不朽的历史。

信谊是上海医药的优秀家庭成员，是上海医药在全国化学工业的响亮名片，此书的编撰出版当然也离不开母公司上海实业和上海医药的鼓励和支持，从上到下，我们的使命和精神内核不变：崇德尚实，恒业至善；持之以恒，致力于提升民众的健康生活品质；除了好药，还有信誉和友谊。这些词句，不仅仅是让人精神振奋的口号，更是一种宣言，一种承诺，面向过去、现在和将来的一种信仰。

《信 · 谊》虽已成书，但一定无法全面地回顾和书写这个企业曾走过的所有的路。那些我们还没有听到、没有看到、没有找到、没有遇见的故事，可能会在未来的某个时刻还会出现在我们面前，它们也许同样精彩，同样引人深思，又可能，还有很多的故事正在发生，或者将要发生，我们相信，有心人还是会记录下来，积累下来，像我们今天做的一样。

此刻，站在这个时间点，透过历史的窗口，仿佛过电影般看到那几个穿梭而过的镜头：马克思·霞飞身着白衣，坐在药房配药间专注的身影；何子康一袭长衫，目眺远方，面带慈爱的微笑；鲍国昌西装革履，立志国货，胸怀大志的神气模样……“所不朽者，垂万世名；孰为公死，凛凛犹生”，用辛弃疾挽朱熹之词，也许过誉了，取其词境而已。

百年光阴挥洒而过，幕幕精彩，回首1997年，《解放日报》上的整版人才招聘广告适时按下了信谊进入全新发展时期的时代按钮，而后，信谊始终与市场悲喜共舞，成长前行；2009年，“信谊重回法人实体建制”成为上海电视台新闻综合频道六点半新闻头条的关键词，百年信谊以全新的姿态出现在世人面前，用系统价值推动下一个百年。

前路，已展现；未来，可预见。

望这本书，为百年信谊留下印记，为百亿发展留下憧憬。

柏年

丙申年秋

CENTURY BRAND

编委会

参考文献：

【1】陈洪玮．2010．企业文化管理要素及其对企业绩效的作用[M]．北京.中国财政经济出版社.

【2】林树建，林旻．2007．宁波商帮[M]．安徽：黄山书社.

【3】约翰·P.科特，詹姆斯·L.赫斯科特．2004．企业文化与经营业绩[M]．李晓涛，译．北京：中国人民大学出版社.

【4】金S·卡梅隆，罗伯特·E.奎因．2006．组织文化诊断与变革[M]．谢晓龙，译．北京：中国人民大学出版社

【5】秦亢宗．2011．宁波帮百年风云录[M]．浙江：浙江工商大学出版社.

【6】安东尼·吉登斯．2003．社会学[M]．赵旭东，

齐心，王兵，马戎等，译．北京：北京大学出版社．

【7】吉姆·柯林斯，杰里.波勒斯．2009．基业长青[M]．真如，译．北京：中信出版社．

【8】特伦斯·迪尔，艾伦·肯尼迪．2008．企业文化——企业生活中的利益与仪式[M]．李原，孙健敏，译．北京：中国人民大学出版社．

【9】特伦斯·迪尔，艾伦·肯尼迪．2009．新企业文化[M]．李原，黄小勇，译．北京：中国人民大学出版社．

【10】吉尔特·霍夫斯泰德，格特·杨·霍夫斯泰德．2010．文化与组织[M]．李原，孙健敏，译．北京：中国人民大学出版社．

【11】陈艺鸣，张月华．2013．信谊历史小故事集[Z]．

【12】陈中小路．2010-11-01．国货老品牌“复出”调查报告[N]．南方周末．

【13】宋联可，吴应泉．2004．百年老店是怎样炼成的[M]．北京：东方出版社．

【14】陈敏，林仲旻．2012-12-11．百年品牌的6大秘诀[J]．环球企业家．

【15】李志起．2012-08-02．揭开百年品牌雅芳、诺基亚衰落之谜[Z/OL]．中国经济网．

【16】王新民．2011-09-29．美国研究——从美国企业的价值观和社会责任感的树立看国家的文化创建[Z/OL]．新浪博客．

【17】张德．2009．企业文化建设[M]．北京：清华大学出版社．

【18】汪仁泽．信谊药厂董事长、总经理鲍国昌——商海巨子——活跃在沪埠的宁波商人[Z]．

【19】何子康．药学同志之使命(信谊药厂档案材料)[Z]．

【20】鲍国昌．信谊药厂之回顾和前瞻（信谊药厂档案材料）[Z]．

【21】陈定国．2014．父亲陈铭珊一生最重要的抉择：留在上海迎接解放[J]．中国统一战线(2)．

【22】卫华诚．2004．长寿企业研究[D]．华中科技大学．

【23】龙贵玲．2009．基于企业基因视角的长寿企业研究[D]．西北大学．

【24】姚圣娟．2008．长寿企业的奥秘[J]．华东经济管理(3)：110-114．

【25】李钢．2006．基于企业基因视角的企业演化机制研究[D]．复旦大学．

【26】任丽莉．2011．基于生命周期理论的长寿企业动态能力研究[D]．南京航天航空大学．

【27】王晓春.2012.价值观企业与企业文化文本：概念、测量及其关系研究[M].北京.经济管理出版社.

【28】张俊杰.2010.400个百年老店的长赢基因[M]北京.中共党.央出版社.

【29】房芸芳.2007.遗产与记忆[M]上海古籍出版社.

【30】《上海医药志》编纂委员会.1997.上海医药志[M]上海社会科学院出版社.

图书在版编目（CIP）数据

信·谊：从百年品牌发展历程看西药的中国式成长 / 柏年著. —上海 ：上海人民出版社，2016

ISBN 978-7-208-14125-4

Ⅰ. ①信… Ⅱ. ①柏… Ⅲ. ①制药厂—工厂史—上海 Ⅳ. ①F426.7

中国版本图书馆 CIP 数据核字（2016）第 252717 号

出品人 邵 敏
责任编辑 崔 琛
封面装帧 Topman Design 五行人平面艺术设计 TEL:021-64750887

出 品

信·谊

——从百年品牌发展历程看西药的中国式成长

柏年 著

出　　版　世纪出版集团 上海人民出版社
　　　　　（200001　上海福建中路 193 号　www.shsjwr.com）
出　　品　世纪出版股份有限公司上海世纪文睿文化传播分公司
发　　行　世纪出版股份有限公司发行中心
印　　刷　上海汉迪彩色印刷有限公司
开　　本　787×1030　1/16
印　　张　20
插　　页　4
字　　数　125000
版　　次　2016 年 11 月第 1 版
印　　次　2016 年 11 月第 1 次印刷
I S B N　978-7-208-14125-4/I · 1591
定　　价　88.00 元